Veröffentlichungen der Walter-Raymond-Stiftung der BDA
Band 45

Den Reformen Perspektive geben

43. Kolloquium der Walter-Raymond-Stiftung
Berlin, 13.-15. März 2005

Mit Beiträgen von
Norbert Berthold, Dominik Geppert, Anke Hassel, Edward Krubasik,
Paul Nolte, Michael Stürmer, Wolfgang Wiegard,

einer Bilanz von
Martina Fietz

und der Rede von
Bundespräsident Horst Köhler
vor dem Arbeitgeberforum Wirtschaft und Gesellschaft

Die Veröffentlichungen der Walter-Raymond-Stiftung erscheinen im Verlag der

GDA
Gesellschaft für Marketing und Service
der Deutschen Arbeitgeber mbH

Bibliografische Information der Deutschen Bibliothek
Die Deutsche Bibliothek verzeichnet diese Publikation in der Deutschen Nationalbibliografie; detaillierte bibliografische Daten sind im Internet unter http://dnb.ddb.de abrufbar.

Veröffentlichungen der Walter-Raymond-Stiftung, Band 45:
Den Reformen Perspektive geben

Herausgeber: Walter-Raymond-Stiftung der BDA

Verlag: - GDA - Gesellschaft für Marketing und Service der Deutschen Arbeitgeber mbh – Breite Straße 29, 10178 Berlin
www.gda-online.de

Gestaltung: Jürgens. Design und Kommunikation, Berlin

Printed in Germany

ISBN-13: 978-3-938349-11-3
ISBN-10: 3-938349-11-5

INHALTSVERZEICHNIS

VORTRÄGE UND BILANZ

ARBEITGEBERFORUM
WIRTSCHAFT UND GESELLSCHAFT

ANHANG

VORTRÄGE UND BILANZ

ECKHARD JOHN VON FREYEND
Eröffnung

Meine sehr verehrten Damen und Herren,

ich möchte Sie alle sehr herzlich im Namen der Walter-Raymond-Stiftung begrüßen. Wir freuen uns sehr, dass Sie in großer Zahl unserer Einladung zum heutigen Abend gefolgt sind. Wir haben eine interessante Mischung von seit sehr langer Zeit der Stiftung sich zugehörig fühlender Professoren, Politiker, Unternehmer, Verbandsvertreter und in den letzten Jahren auch eine Reihe jüngerer Damen und Herren aus allen Bereichen hier für die Stiftung gewinnen können.

Ich wurde gerade gefragt, was ist das eigentlich für eine Stiftung? Es ist jedenfalls keine übliche Stiftung, die ein großes Stiftungskapital hat, aus dem sie schöpfen kann. Es ist vielmehr eine Stiftung, die man nur in sehr enger Verbindung mit der Bundesvereinigung der Deutschen Arbeitgeberverbände verstehen kann. Gegründet 1959, ist sie seit dieser Zeit ein Ort der Kommunikation zwischen Vertretern der Wissenschaft und Unternehmen, Verbänden und Politikern. Das Ziel der Stiftung ist es, den Dialog zwischen Wissenschaftlern, zwischen Unternehmern, zwischen Verbänden zu organisieren – den Dialog über grundsätzliche politische Fragen, ohne in die Tagespolitik zu gehen, ohne etwa parteipolitische Standorte zu haben, ohne auch nur den Standpunkt der BDA hier zum Zentrum der Diskussion zu machen –, um ein lebendiges und liberales Forum zu schaffen für einen Austausch zu unterschiedlichen Themen, die von der aktuellen Politik zwar nicht zu trennen sind, sich aber gerade nicht darin erschöpfen.

In diesem Jahr werden wir das besondere Erlebnis haben, unser Kolloquium zum Abschluss in das Arbeitgeberforum „Wirtschaft und Gesellschaft" einmünden lassen zu können. Dort wird Bundespräsident Köhler eine programmatische Ansprache halten.

Zu Beginn seiner Amtszeit hat der Bundespräsident gesagt, Deutschland habe mit dem Etikett „ökonomischer Riese und politischer Zwerg" lange Zeit gut leben können. Die Lage hat sich inzwischen jedoch erheblich verändert. Ich weiß nicht, wie stark Deutschland in den letzten Jahren an politischem Gewicht gewonnen hat. Jedenfalls ist unser ökonomisches Gewicht im Vergleich dazu überproportional zurückgegangen, und das liegt, um noch einmal den Bundespräsidenten zu zitieren, nicht unwesentlich daran, dass die Grundlagen für Wachstum erodieren, wenn wir immer mehr für sozialen Konsum ausgeben und immer weniger für Investitionen. Inzwischen sind über 91 Prozent des Bundeshaushalts konsumtive Ausgaben, vor allem für soziale Zwecke und für Zinsen – und gerade neun Prozent Ausgaben für Investitionen!

Für uns in den Unternehmen ist natürlich das Thema „Investition" ein Kardinalthema, gerade wenn man längerfristig über Erholung und Reform nachdenkt. Die relevanten Investitionsquoten in Deutschland fallen seit Jahren und sind auch in Relation zu allen uns wichtigen Partnerländern extrem gering. Die Nettoanlageninvestitionsquote lag hierzulande 1991 noch bei 10 Prozent, 2002 betrug sie nur noch 3,5 Prozent. Wenn Sie dagegen ebenfalls für das Jahr 2002 Australien ansehen mit 7,7 Prozent oder Österreich mit 7,4 Prozent, wird einem klar, aus welchen Gründen andere sich so positiv entwickeln. Auch Italien lag mit 6,4 Prozent zu unseren 3,5 Prozent immer noch fast doppelt so hoch, und die USA übertrafen die deutsche Quote mit 5,8 Prozent ebenfalls deutlich. Oder nehmen Sie die Forschungs- und Entwicklungsinvestitionsquote: In Deutschland ist sie von 2,8 Prozent im Jahr 1990 in der Zwischenzeit auf 2,5 Prozent im Jahr 2002 gesunken; dagegen kamen die Schweden auf 4,3 Prozent, die Finnen auf 3,4 Prozent und die Japaner auf 3,1 Prozent – allesamt wesentlich höhere Quoten.

Ich will dazu jetzt nicht allzu viele weitere Zahlen nennen, aber nochmals deutlich machen, welche Rolle Investitionen bei der Frage spielen, wie wir den Standort gesunden lassen können: So betrug die Bildungsinvestitionsquote in Deutschland 2000 5,3 Prozent und in den USA 7 Prozent. Bei der Hochschulinvestitionsquote stand Deutschland im selben Jahr mit 1,0 Prozent da, die USA kamen auf 2,7 Prozent. Ob wir also private oder öffentliche Investitionen anschauen – wir sehen: Sie sind alle auf dem Weg nach unten, und dies ist ein wesentliches Element dafür, dass wir uns in einer so nachhaltig schwierigen Situation befinden. Ich werde jetzt nicht tiefer in diese Problematik eintreten, da das ja Gegenstand unserer Diskussion ist.

Zum Ablauf will ich nur kurz folgendes sagen: Heute Vormittag werden wir mit der Standortpolitik beginnen. Ich freue mich sehr, dass Herr Professor Krubasik und Herr Professor Wiegard schon bei uns sind. Heute Nachmittag werden wir dann Einzelaspekte zu den Rahmenbedingungen für die Reformen vertiefen und morgen schließlich im Haus der Deutschen Wirtschaft sowohl mit Herrn Professor Stürmer als auch später dann mit dem Bundespräsidenten zusammen sein können.

Ich freue mich auf eine – wie immer – intensive Diskussion. Ich freue mich auch, dass wir so viele sind, die hier zusammen diskutieren wollen. Wir haben, was mich ganz besonders freut, auch eine große Zahl von Unternehmern und Unternehmensvertretern hier unter uns, so dass dieser Dialog zwischen Wirtschaft und Wissenschaft intensiv stattfinden kann.

PAUL NOLTE

Selbstverantwortung und Gemeinsinn: Grundlagen einer bürgerlichen Gesellschaft

„Den Reformen Perspektive geben" – schön wär's, wird da mancher mit einem großen Seufzer denken. Denn solange wir schon über notwendige Reformen für dieses Land nachdenken, so wenig ist diese Perspektive erkennbar. Das gilt für die Regierungspolitik, aber oft genug auch für die Vorschläge der politischen Opposition. In vier Tagen wird der Bundeskanzler, nur einige hundert Meter von hier entfernt, eine Regierungserklärung abgeben, wird zwei Jahre nach der Verkündung der „Agenda 2010" Zwischenbilanz ziehen und erste Erfolge benennen; er wird die Zahl der Arbeitslosen, die Lage auf dem Arbeitsmarkt zum Anlass nehmen, weitere Veränderungen anzukündigen, doch viel Konkretes wird nicht darunter sein. Einige Stunden später werden die unterschiedlichen Auffassungen in der „Elefantenrunde" mit den Vorsitzenden von CDU und CSU aufeinanderprallen, die Opposition wird ihre eigenen Vorschläge für ökonomische Strukturreformen wiederholen. Eine Perspektive für die Reformen wird daraus ebenso wenig erwachsen wie eine Offensive im Handeln. Und so kann es scheinbar endlos weitergehen: Auf schlechte Nachrichten vom Arbeitsmarkt oder von der Konjunktur, auf SOS-Meldungen von den Krankenversicherungen oder aus der Rentenkasse folgen Betroffenheit, hektische Schuldzuweisungen, der bloße Aktionismus des Wortes – und das war es dann auch schon. Was soll da den Reformen Perspektive geben, und: wer soll es tun? Kein Zufall, dass der Titel dieser Tagung ein grammatisches Subjekt nicht kennt.

Wer den Reformstreit in der Berliner Politik von außen beobachtet, muss wohl zu dem Ergebnis kommen, dass es nur eine einzige Klammer gibt, welche die gegenwärtigen Herausforderungen zusammenhält.

Es ist die Klammer jener „objektiven Notwendigkeit", von der auch der Kanzler so gerne spricht, die Klammer der Konjunkturkrise – warum will sie denn nicht endlich wieder anspringen, die gute alte Konjunktur?! – und der knappen Kassen. Zählt man noch das demographische Schicksal der kollektiven Vergreisung dazu, das wir inzwischen wie ein Mantra nachbeten, und lässt man noch den Universalbegriff der Globalisierung fallen, dann ist es schon so ziemlich komplett: Unser allzeit bereites Kombinationspaket der neuen Sachzwänge, der „harten", vor allem ökonomischen Realitäten, die uns feindlich begegnen, uns scheinbar zum Handeln zwingen und doch immer wieder handlungsunfähig machen. „Objektive Notwendigkeit"? Um eine Perspektive zu gewinnen, muss man Realitäten schonungslos anerkennen. Aber man darf sich nicht von Sachzwängen überrumpeln lassen, und man darf, vor allem, die Wirklichkeit nicht als einen unheimlichen Feind aus dem dunklen Walde sehen, gegen den man sich besser in die warme Hütte, in die bequeme Sicherheit alter oder neuer Schonräume zurückzieht.

Gut, diese Erkenntnis ist nicht ganz neu, auch wenn es leider ein ums andere Mal Anlass zu ihrer Wiederholung gibt. Das Diktat der knappen Kassen reicht nicht aus, um Veränderungen zu begründen und bei den Bürgerinnen und Bürgern glaubwürdig zu machen. Es bedarf der gesellschaftspolitischen Zielvorgaben und es bedarf der Wertorientierungen, um einen Fluchtpunkt in die Zukunft jenseits der bloßen Flickschusterei zu entwickeln. Davon ist zuletzt ja auch schon viel die Rede gewesen, von der „sozialen Gerechtigkeit" im Kapitel Gesellschaftspolitik bis zum „Patriotismus" im Kapitel der Werte. Aber all das kommt meist seltsam unbeholfen daher, die Fahnen der Gerechtigkeit und des Patriotismus hängen schlaff und schwer am Mast. Oder sie erstarren zur bloßen Behauptung, zur trotzigen Geste. Denn sie werden uns oft als ein Gegenmittel angeboten, gegen die böse Realität der ökonomischen oder demographischen Sachzwänge. So haben wir es vor einigen Monaten bei der CDU erlebt: Wenn die Reformen zu „kalt" zu werden drohen, dann wechselt man lieber zu den warmen Werten. Oder, im anderen politischen Lager: Wie leiden wir unter „Hartz IV" – dagegen muss nun endlich Gerechtigkeit aufgeboten werden. Aber zur Debatte steht nicht Gerechtigkeit trotz Hartz IV, sondern mit Hartz IV.

Zur Debatte steht nicht Patriotismus, seitens der Unternehmer oder von wem auch immer, gegen die Globalisierung, sondern Patriotismus in der ökonomisch entgrenzten Welt.

Was sind die Ursachen für diese Flucht in die warme Hütte, warum kapitulieren wir immer wieder vor der Übermacht der Verhältnisse, statt Macht in den Verhältnissen zu gewinnen? Denn es ist gewiss nicht die Schuld der Politiker alleine, die mit ihren eher kleingärtnerisch gesteckten Zielen häufig nur die Erwartungen und Ängste der Wähler widerspiegeln. Lassen Sie mich drei kritische Befunde zu Ökonomie und Gesellschaft in Deutschland formulieren und jeweils eine Gegenposition dazu entwickeln.

Erstens: Ach, wie tun sich die Deutschen mit der Wirtschaft so schwer! Oder, präziser formuliert: Die Vorbehalte gegenüber dem Kapitalismus, gegenüber marktwirtschaftlichen Regeln und Prinzipien in der Bevölkerung haben in den letzten Jahren deutlich zugenommen. Nun könnte man sagen: Der Kapitalismus, die Unternehmen, der „Neoliberalismus" haben von sich aus auch einiges getan, um diese tiefe Skepsis zu nähren. Aber auch andersherum wird ein Schuh daraus: Wir stellen jetzt, in einer Krisen- und Übergangssituation, fest, dass die Überzeugung von der Überlegenheit einer Marktwirtschaft in den ersten Nachkriegsjahrzehnten nicht so tiefe Wurzeln in der deutschen Mentalität geschlagen hat, wie wir das unter den Bedingungen der teils echten, teils geborgten Prosperität geglaubt hatten. An miserablen Laienökonomen herrscht bei uns kein Mangel. Viele Menschen werden nie verstehen, warum ein Kaffee im Restaurant drei Euro kostet, wo doch das Kaffeepulver und das Wasser schon für 20 Cent zu haben seien. Kein Wunder dann, dass wir uns mit dem Übergang in eine Dienstleistungsökonomie schwer tun. Deutsche fühlen sich typischerweise nicht als Teil „der Wirtschaft" – denn „die Wirtschaft", das sind ja ohnehin nur die Unternehmer, die Manager, die Reichen –, sondern als eine Spezies, die von ebendieser Wirtschaft immer wieder über's Ohr gehauen wird.

Dafür trägt die Politik allerdings ein gerütteltes Maß Mitverantwortung. Und in den letzten Jahren, angesichts enger werdender Verteilungsspielräume, angesichts neuartiger sozialer Notlagen, aber fraglos auch wegen grundsätzlicher Präferenzen der derzeitigen Bundesregierung, ist die Tendenz gewachsen, die Bürgerinnen und Bürger vor den Zumutungen der Wirtschaft in Schutz zu nehmen, ihnen den eisigen Wind des Marktes nicht ins Gesicht wehen zu lassen. Man muss nur die Zeitung der vergangenen zwei Wochen aufmerksam gelesen haben, um immer neue Belege dafür zu finden. Sie finden sich in dem Projekt des Antidiskriminierungsgesetzes ebenso wie in der nimmermüden Absicht des Verbraucherschutzministeriums, eigentlich mündige Bürger gegen die Geschäftsabsichten heute von Banken, morgen von Mobilfunkunternehmen, übermorgen wieder einmal der Fastfood-Industrie abzuschirmen. Ein Großteil des deutschen „Verbraucherschutzes" funktioniert unter der Prämisse, dass die Wucherungen des Marktes politisch und rechtlich im Zaume gehalten werden müssten, damit Bürger ihre Freiheit wahrnehmen können – nicht im Markt, sondern im staatlichen Schutz vor dem Markt. Damit wird den Bürgern jedoch, fatalerweise, immer wieder Verantwortung abgenommen, und die Fähigkeit, selber am Markt „mitspielen" und Freiheit wahrnehmen zu können, abgewürgt. Was haben wir nötig, wenn die Überschuldung von Privathaushalten oder von handysüchtigen Jugendlichen zunimmt: mehr staatliche Regulierung von Banken und Telekommunikationsfirmen – oder nicht vielmehr: eine große Kraftanstrengung der Erziehung zur ökonomischen Verantwortungsfähigkeit, eine „ökonomische Alphabetisierung" der Gesellschaft?

Zweitens: Dass wir unter diesen Voraussetzungen auch mit der Arbeit, mit der Erwerbsarbeit besondere Probleme haben, ist kein Wunder. Wie kaum ein anderes Volk der westlichen Welt – ausgenommen vielleicht die Franzosen, die heute vor ähnlichen Schwierigkeiten stehen – haben die Deutschen im letzten Drittel des 20. Jahrhunderts der Utopie vom allmählichen Verschwinden der Erwerbsarbeit, und den segensreichen Wirkungen dieses Verschwindens, nachgehangen. Der Arbeitsgesellschaft geht die Arbeit aus – machen wir das Beste draus! So könnte man diese Auffassung auf den Punkt bringen, vor deren Trümmerhaufen wir inzwischen stehen. Jahrzehntelang ist es versäumt worden, neue Potenziale der Erwerbsarbeit zu erschließen; stattdessen wurden bestehende Strukturen unter extrem hohen Kosten konserviert, wurde Arbeitslosigkeit verwaltet und subventioniert. Und viel zu lange haben wir uns nicht nur von dem Warten auf den nächsten konjunkturellen Aufschwung trösten lassen, der diesmal aber wirklich die Arbeitslosenzahl halbieren würde, sondern auch von der Erwartung, weniger Erwerbsarbeit brächte uns einer besseren, moderneren, gerechteren Gesellschaft näher. Wer keine bezahlte Erwerbsarbeit im Markt leistet, der gewinnt ja Zeit für das eine oder andere Ehrenamt, oder er kann sich vom Staat oder der Kommune für seine nicht-kapitalistische „Bürgerarbeit" bezahlen lassen.

Da ist sie wieder, die Vorstellung vom Schutzraum, den der Bürger außerhalb der Wirtschaft, außerhalb des Marktes, unter dem sicheren Dach des Staates finden müsste. Und vielleicht ist da auch ein echtes Dilemma: Denn wäre die Vorstellung nicht wunderschön, dass mehr und mehr Bürgerinnen und Bürger ihre Häuser verlassen, auf die Straßen kommen, in die Vereine gehen und Verantwortung für die Gemeinschaft übernehmen, sich bürgerschaftlich engagieren? Darauf komme ich gleich noch einmal zurück. Einstweilen aber mussten wir nüchtern feststellen, dass der Verlust von Erwerbsarbeit all das keineswegs befördert hat. Wer dauerhaft von der Erwerbsarbeit ausgeschlossen ist, landet vor der Glotze und kommt im Sportverein oder in der Seniorenbetreuung erst gar nicht an.

Eine einfache Wahrheit ist auch: Es hat noch nie in der Geschichte eine Gesellschaft gegeben, die nachhaltigen Wohlstand, erst recht einen „Wohlstand für alle", außerhalb von Erwerbsarbeit, außerhalb von Anstrengung und Produktivität, gefunden hat. Dass es sie in näherer Zukunft geben wird, scheint mir schon deshalb eher unwahrscheinlich. Das mag trivial klingen, doch muss man es anscheinend wieder ausdrücklich sagen in einer Zeit, in der Theorien vom Ende der Erwerbsarbeit in den Sozialwissenschaften mal wieder eine Renaissance erleben (Auch hier übrigens sind die Autoren meistens Deutsche, und Franzosen!). Vielleicht erreichen solche Ideen ja gar nicht die Vorstandsetagen oder die Business Schools – höchstens als Nachttischlektüre in der trivialisierten Schrumpfform einer „Entdeckung der Faulheit", wie es dieser Tage ein französischer Titel verkündet. Aber sie sind kulturell sehr ernst zu nehmen, weil sie die diffusen Vorbehalte vieler Menschen bündeln, die – individuell ja häufig allzu verständlich – von der

Erwerbsgesellschaft enttäuscht sind. – All das sind zusätzliche Gründe, dem Kampf gegen Arbeitslosigkeit höchste Priorität einzuräumen und neue Kreativität zu widmen.

Drittens: Das Bedürfnis nach Schutz, die Suche nach Schonräumen und Ruhezonen – das ist uns in einem noch fundamentaleren Sinne zur zweiten Natur geworden und damit zum Hindernis für Reformen, für Veränderung, für eine neue Dynamik in unserer Gesellschaft. Das Credo lautet: Wir wollen uns die Zumutungen der Moderne nicht antun, nicht hier und nicht jetzt und bitte nicht auf meinem Grundstück. Vor etwa 30 Jahren, Anfang bis Mitte der 1970er Jahre, haben wir überhaupt das Vertrauen in die Zukunft, und in die Zukunftsfähigkeit des Projektes der Moderne, verloren, und mindestens so weit reichen die Ursprünge der deutschen Krise auch zurück. Die viel zitierten „Grenzen des Wachstums" schienen ein Ende jeder Entwicklung zu verheißen, und in wohl keinem anderen Land wurde aus dieser Diagnose tatsächlich so radikal die Konsequenz einer Stilllegung von Innovation und Risiko gezogen. In der guten Absicht, Verantwortung zu übernehmen: für ökologische Risiken, für die Nachhaltigkeit natürlicher Ressourcen, haben wir mehr und mehr unverantwortliche Entscheidungen getroffen: Entscheidungen gegen die Nachhaltigkeit unserer eigenen Existenz – einschließlich der demographischen –, Entscheidungen gegen die Nachhaltigkeit unseres Wohlstands.

Inzwischen ist die Einsicht wohl allgemein geworden, dass es ein „Ende der Geschichte" nicht gegeben hat und auch nicht geben wird, und dass jenes Stadium der Gesellschaft, in dem wir uns am Ende des vergangenen Jahrhunderts befanden, nicht ein welthistorisches Endstadium markiert. Diktaturen sind gefallen und Demokratien entstanden; neue weltpolitische Gefährdungen haben den Kalten Krieg abgelöst. Und, was uns Deutschen besonders unangenehm zu sein scheint: Auch die wissenschaftliche, die technische Entwicklung machen nicht Halt, das Leben beschleunigt sich weiter, wird mobiler und riskanter. Mit großen Augen sehen wir eine neue Moderne in Shanghai, neuerdings auch in Dubai; die Bilder lösen durchaus Faszination aus, doch ist es eine melancholische, eine ferne Faszination. Im Inneren ist da immer noch die Sehnsucht nach den Schutzräumen, nach der Flucht aus der Verantwortung und vor dem Risiko, und kaum einer traut sich zu sagen: „So wollen wir das auch machen!" Wir haben geglaubt, eine „Risikogesellschaft" zu sein, und die Lösung hieß oft genug: Risiken gehen wir lieber erst gar nicht ein. Eine Risikovermeidungsgesellschaft aber wird den Reformen keine Perspektive geben können. Nur wenn wir aus den Schutzzonen heraustreten, die Erdhöhlen verlassen, die Risiken kalkulieren und auch tragen, können wir wieder in eine bessere Zukunft sehen.

Was ist nun der gemeinsame Nenner dieser drei Beispiele: Wirtschaft – Arbeit – Moderne und Risiko, und welche Schlussfolgerungen können wir aus den Befunden ziehen? In allen drei Fällen ging es darum, falsche Frontstellungen zu überwinden; ging es darum, ein Denken und Handeln hinter sich zu lassen, das sich in den Kategorien des Schutzes vor vermeintlich übermächtigen, nicht steuerbaren Zumutungen bewegt. Sich in die Dinge hineinstellen: Das heißt ja nichts anderes als Verantwortung zu übernehmen. Verantwortung ist ein großer Begriff, wir meinen ihn inzwischen zur Genüge zu kennen, und doch ist er in den letzten Jahren teils zu einem matschigen Brei verrührt, teils als Gespenst aufgeblasen worden: Das ist dann jenes Gespenst, das im Namen der „Eigenverantwortung" den Bürgern in die Tasche greift und ihnen zehn Euro Praxisgebühr abverlangt. Und damit sind wir wieder in jener Sackgasse der Reformen, von der eingangs schon die Rede war: bei den Reformen nach Kassenlage.

Doch wäre es umgekehrt eine fatale Illusion zu glauben, eine Neubestimmung von Verantwortung, Gerechtigkeit und Solidarität könne das Portemonnaie des Einzelnen ausklammern. Insofern besteht die große Herausforderung an die Politik, nicht zuletzt an die politische Kommunikation, darin – bleiben wir bei dem Beispiel: Weder schlicht zu sagen, „die Krankenkassen haben ein Defizit, es geht nicht anders, ihr müsst zahlen!" Noch leise und verführerisch zu säuseln, „Verantwortung kann sich doch nicht am schnöden Mammon erweisen, weg mit der Praxisgebühr, wir müssen ganz andere, ideelle Solidaritäten finden!" Sondern einen Gesamtentwurf zu präsentieren, einen Fluchtpunkt anzuvisieren, mit dem man sagen kann: Jawohl, wir reden über Geld, wir reden über mein und dein Portemonnaie, weil sich Verantwortung in einer komplexen Gesellschaft nicht gewissermaßen „entmaterialisieren" lässt; weil Solidarität nicht nur in Anspruch genommen, sondern auch geleistet werden muss; weil sich jeder Einzelne fragen muss: stimmt die Balance eigentlich noch zwischen dem, was ich von den kollektiven Sicherungssystemen – letztlich also: von meinen Mitbürgern – erwarte, und dem, was ich selber zu investieren bereit bin?

Der Fluchtpunkt der Selbstverantwortung verweist, wenn wir die Beispiele von vorhin noch einmal Revue passieren lassen, vor allem auf die Fähigkeit zu einer selbstverantworteten Lebensführung. In diesen Wochen sprechen wir viel über neue soziale Problemzonen, die in Deutschland entstanden sind, über neue Unterschichten und neue Armut, und es ist wahr: Wir haben zu lange weggesehen, haben Probleme ignoriert, abgeschoben und uns – ja, auch das – mit der Höhe und Verlässlichkeit sozialer Transferleistungen ein halbwegs gutes Gewissen erkauft. Die Bilanz dieser, in einem doppelten Sinne, unverantwortlichen Politik schlägt jetzt auf uns zurück. Es geht längst nicht mehr nur um die Lebenschancen der Betroffenen, sondern um die Bildungschancen, das Qualifikationsniveau, die Innovationskraft einer ganzen Gesellschaft. Zu viele Menschen in Deutschland haben genau dies verloren: die Fähigkeit zu einer selbstverantworteten Lebensführung; die Fähigkeit, stark genug zu sein für einen selbständigen Lebensentwurf.

Die Antwort, die Perspektive für die Zukunft liegt deshalb nicht in einem Rückbau des Sozialstaates, liegt nicht per se in den berühmten „Einschnitten in das soziale Netz". Es geht um eine Umsteuerung von Präferenzen. An vielen Stellen werden wir sogar mehr investieren müssen als bisher, an manchen Stellen auch: mehr intervenieren als bisher. Doch all das muss sich messen lassen an dem Prüfstein: Menschen zu stärken für ein Leben in Freiheit, für einen selbstgestalteten Lebensentwurf, für ein Leben in der Mitte der Gesellschaft einschließlich mancher damit verbundener Risiken – nicht aber daran, die Menschen immer nur zu schützen vor Zumutungen und Gefährdungen von außen, denn das degradiert immer größere Gruppen unserer Gesellschaft zu einer bloßen „Klientel" und ist der sicherste Weg in die weitere Befestigung von Unselbständigkeit.

Das ist übrigens keineswegs nur eine Herausforderung für untere Schichten, oder für die jetzt so häufig angemahnte neue Politik der Armut. Auch die sogenannten Eliten, auch die Unternehmen und Unternehmer, auch die Wirtschaftspolitiker und intellektuellen Advokaten des Marktes müssen sich kritische Fragen gefallen lassen. Viel mehr als wir das lange Zeit wahrhaben wollten, ist – geradezu paradoxerweise – der Schutz vor dem Markt eine Grundidee und Konstante der westdeutschen Variante der „sozialen Marktwirtschaft" gewesen, die man insofern treffender als eine „regulierte Marktwirtschaft" bezeichnen müsste.

Ob Ladenschluss oder Rabattgesetze, ob Kartellrecht oder Planungsrecht: Immer maßen wir uns eine Regulierung der Bedürfnisse marktfähiger Subjekte an, und immer legen wir dabei dasselbe fragwürdige Kriterium des Interessen- und Bestandsschutzes gegenüber dynamisierenden Wirkungen des Marktes an. In Deutschland wird immer noch quasi öffentlich entschieden, ob in einer Gemeinde oder einem Stadtviertel der Bedarf für einen neuen Supermarkt besteht und welches Warenangebot dieser oder ein benachbarter Tankstellenshop führen darf. Kein Wunder, dass unter diesen Bedingungen zu wenig investiert wird, zu wenig Arbeitsplätze entstehen; kein Wunder, dass Deutschland in vieler Hinsicht ein strukturell unterkommerzialisiertes Land ist: Man kann bei uns manchmal die einfachsten Dinge nicht „am Markt" kaufen, wann und wo man sie braucht (von haushaltsnahen Dienstleistungen bis zum Becher Kaffee „to go" auf dem Weg zur Arbeit).

Den Reformen Perspektive geben – das müsste deshalb zugleich heißen: eine neue bürgerliche Gesellschaft ins Visier zu nehmen, in der Selbstverantwortung und Gemeinsinn sich nicht wechselseitig ausschließen, in der jedenfalls der Gemeinsinn nicht als Schutzraum angesichts drohender Selbstverantwortung missbraucht werden kann – und umgekehrt. Bürgerliche Gesellschaft, das klingt vielleicht etwas altbacken, nach vornehmen Honoratioren mit steifen Zylinderhüten aus dem 19. Jahrhundert. Und der Rückgriff in die Geschichte ist gar nicht einmal so falsch, denn überlegene Alternativen zu diesem einstmals – und vielleicht wieder? – revolutionären Konzept sind bisher nicht sichtbar geworden, oder sie sind selber historisch gescheitert.

Gehen wir ruhig noch etwas weiter zurück hinter die Herren mit den Zylinderhüten und erinnern uns, wieder einmal, an die schottischen Nationalökonomen, Aufklärer und Theoretiker der Gesellschaft aus dem 18. Jahrhundert, an die Smith und Ferguson: Hier begegnet uns die bürgerliche Gesellschaft als ein radikaler Entwurf einer zugleich „zivilisierten" und „kommerzialisierten" Gesellschaft – und beide Eigenschaften sind es ja, die uns heute – wieder – fehlen.

Der Markt produziert nicht schon automatisch Gerechtigkeit, geschweige denn irgendwelche harmonischen Idealzustände, die ohnehin eher romantisch als realistisch sind. Aber nur eine Marktgesellschaft ist in der Lage, dauerhaft Brücken zwischen Menschen so zu schlagen, dass dabei die Freiheit der Individuen ebenso wie die politische Freiheit nicht auf der Strecke bleiben. Egoismus und Gemeinwohl: Das bleibt in der bürgerlichen Gesellschaft ein Spannungsfeld, oft ein heiß umkämpftes Schlachtfeld der Konflikte, und wir sollten uns die Vorstellung besser gleich abschminken, das könne irgendwann in der Zukunft anders sein. Doch erst recht gilt andersherum: Kaum irgendwo außerhalb der bürgerlichen Gesellschaft hatte dieses Spannungsfeld überhaupt eine Chance, sich produktiv zu entfalten.

Mit einer nostalgischen Erinnerung an das 18. Jahrhundert ist uns freilich noch nicht geholfen, ebensowenig wie es heute ausreicht – oder jemals ausgereicht hat –, auf die „Selbstheilungskräfte des Marktes" zu warten und dabei die Hände in den Schoß zu legen. Wir wären dumm und kurzsichtig, würden wir auf unsere Kreativität verzichten, neue Wege zu denken und im Glauben an den Segen des ‚laissez faire' auf die institutionellen Möglichkeiten zu verzichten, die eine hochentwickelte Gesellschaft, ein hochentwickeltes Staatswesen bereithalten. Wie und auf welchen Feldern kann sich bürgerliche Gesellschaft, kann sich Gemeinsinn aus Selbstverantwortung heute entfalten? In jedem Fall bedarf es dazu „starker Menschen", Menschen die, ich sage es noch einmal, aus den Schutzräumen heraustreten und sich einen eigenen Lebensentwurf zutrauen können. Drei Felder, drei Aufgaben möchte ich zum Abschluss kurz benennen.

Da ist, *erstens*, der Bereich des klassischen bürgerschaftlichen Engagements: der Aktivität von Menschen als Bürgern in Vereinen und Ehrenämtern, in sozialen, in nachbarschaftlichen, in gemeindlichen oder auch überregionalen Projekten, die mehr sind als eine Form der Freizeitgestaltung, sondern einen „Mehrwert für Dritte", einen Bonus für die Gesellschaft abwerfen; die „soziales Kapital" bilden, würde man heute auch sagen. Solchem Engagement haftet manchmal der Geschmack des Altbackenen an, aber wir können darauf nicht verzichten und müssen sogar sehr achtgeben, dass die Fähigkeit dazu in jüngeren Generationen nicht verloren geht. Die Reaktion der Deutschen auf die Flutkatastrophe in Südostasien hat einmal mehr gezeigt, dass uns der „ferne Nächste" inzwischen häufig mehr berührt als die Probleme vor unserer eigenen Haustür. Angesichts der modernen Kommunikationsmittel scheint es keinen Unterschied zu machen, wohin Geld gespendet wird, ob man sich anonym oder per Internet engagiert oder die Mühe konkreter sozialer Beziehungen auf sich nimmt, bei der man dem Anderen ins Auge blickt.

Es spricht viel dafür, dass wir auf diese Form des persönlichen Nah-Engagements nicht verzichten können; dass es als eine Ressource für Gemeinsinn und Bindungsfähigkeit sogar unverzichtbar ist. Deswegen sollten wir auf sinnvolle institutionelle Anreize nicht verzichten. Das kann und darf nicht heißen, die Bürgergesellschaft zu verstaatlichen, oder sie gegen den Markt abzuschotten, etwa im Sinne der Verselbständigung eines quasi-staatlichen Sektors der sozialen oder Bürgerarbeit. Sehr wohl aber können, wie das ja auch schon häufig der Fall ist, Kommunen Infrastruktur oder Initialzündung bereitstellen; der Staat kann als Moderator oder Katalysator der Bürgergesellschaft agieren. Ein institutioneller Hebel des Gemeinsinns gerade im Blick auf die jüngere Generation könnte auch die Überführung der Wehrpflicht in ein allgemeines soziales Pflichtjahr sein.

Im Sinne meiner These, den Markt und das Soziale, die Verantwortung und den Gemeinsinn nicht auf getrennten Konten zu führen, könnten wir sogar noch einen Schritt weiter gehen. Es wird Zeit, dass wir – mein *zweiter* Punkt – die Bürgergesellschaft nicht als einen Rand- und Ergänzungsbereich betrachten, als ein Feierabend- und Wochenendprojekt, sondern sie in die Mitte unserer aktiven Gesellschaft, auch der Erwerbsgesellschaft, auch des Verhältnisses zwischen Staat und Bürger zum Beispiel in den sozialen Sicherungssystemen, holen. Dann erweitern wir die bürgerliche Gesellschaft zu einem Projekt, das ich die „investive Gesellschaft" nennen möchte. Die Vorstellung, soziale Sicherheit oder Bildungschancen vom Staat geliefert zu bekommen – als Gegenleistung für eine mehr oder minder hohe Steuerzahlung –, hat sich in der Form des 20. Jahrhunderts überlebt. Einerseits vertrauen die Bürger diesem Vertrag immer weniger, andererseits fehlen die Anreize, selber in die, wenn man so will, Nachhaltigkeit des eigenen Lebensentwurfes und den der Nachkommen zu investieren. Weil wir Steuern und Sozialabgaben zahlen, glauben wir ein natürliches Anrecht darauf zu haben, das verbliebene Einkommen umso hemmungsloser im privaten Konsum verzehren zu können.

Dieses Modell stößt an immer schärfere Grenzen in vielerlei Hinsicht. Inzwischen wissen jedenfalls die Jüngeren, dass Eigenvorsorge für die Alterssicherung unverzichtbar ist. Inzwischen verstehen die meisten auch, dass privilegierte Lebenschancen durch hochqualifizierte Bildung – sprich: ein Hochschulstudium – einen Preis haben dürfen. All das sollten wir nicht als eine Last, als einen raffgierigen Griff in unser Portemonnaie begreifen, sondern als eine Chance: die Chance, als Bürger verantwortlich Präferenzen in der eigenen Lebensgestaltung zu setzen und dafür auch die eigenen materiellen Ressourcen einzusetzen. In diesem Sinne müssten wir den Wechsel von einer Staatsgesellschaft zu einer investiven Bürgergesellschaft vollziehen. Mir erscheint es jedenfalls erstrebenswerter, 100 Euro im Monat in die Bildung der eigenen Kinder zu stecken als in chinesische Konsumgüter mit minimalem deutschen Wertschöpfungsbeitrag: erstrebenswerter also nicht nur in sozialer und moralischer Hinsicht, sondern auch in ökonomischer Betrachtung.

Die Bürgergesellschaft in die Mitte unseres Gemeinwesens, auch unserer Ökonomie zu rücken, das bedeutet *drittens*: den Fokus auf die Unternehmen zu richten und zu fragen, was Unternehmen und Unternehmer tun können, um Markt und Gemeinsinn produktiv miteinander zu verknüpfen. Dass Unternehmen und Unternehmer eine gesellschaftliche Verantwortung haben, ist ja schon fast zur Floskel, zum Gemeinplatz geworden – aber was heißt das konkret unter den Bedingungen eines Umbaus des Sozialstaates, einer veränderten Gesellschaft, einer international verflochtenen Wirtschaft? Sicher nicht die Verpflichtung, Investitions- oder Standortentscheidungen wider alle ökonomische Vernunft zu treffen. Aber die Arena des Engagements verändert sich, und das sollten wir wiederum positiv als Chancen sehen, die es zu nutzen gilt. Das klassische westdeutsche Arrangement sah im Kern eine Einbindung der Unternehmen im System des kollektiven Korporatismus der Verbände und des Sozialstaates vor: über die Tarifpolitik im Konzert mit den Gewerkschaften und über die anteilige Finanzierung der Sozialabgaben in den quasi-staatlichen Versicherungen: Krankheit, Alter, Arbeitslosigkeit und Pflege. Beide Säulen werden nicht verschwinden, aber sie verlieren – das muss ich hier nicht weiter ausführen – ein Stück weit an Bedeutung.

Dagegen wachsen die Herausforderungen an das soziale und kulturelle Engagement in konkreten, häufig lokalen oder regionalen Bezügen, an das „Engagement vor Ort". Hier reicht das Spektrum von lokalen, unternehmens- oder auch nur werksspezifischen Initiativen zur Standortsicherung über die Unterstützung sozialer Infrastruktur im Interesse der Gewinnung und langfristigen Bindung qualifizierter Mitarbeiter – Stichwort: Kinderbetreuung, Vereinbarkeit von Familie und Beruf – bis zum Engagement im Bildungssektor und weiter zu Sponsorentätigkeit und Mäzenatentum. Hier geschieht bereits viel, aber noch längst nicht genug, auch häufig noch nicht sichtbar und akzentuiert genug. Nicht zuletzt von einem verstärkten Engagement im expandierenden Bereich der „neuen Bildung" – innovativ, praxisorientiert, international, ein bißchen elitär – könnten die Unternehmen selber auf vielfältige, auf immaterielle Weise profitieren.

Ich komme zum Schluss und bitte nur noch um die Gelegenheit zu einem ganz kurzen Fazit. Können wir den Reformen Perspektive geben? Ich bin überzeugt, wir können es, und wir müssen es sogar, wenn die Politik Glaubwürdigkeit zurückgewinnen will und wenn wir insgesamt den notwendigen Mut aufbringen wollen, nach vorne zu schauen, uns zu verändern statt uns zu verstecken. Wir müssen aufhören, uns nur als gefährdet und schutzbedürftig zu verstehen, als Opfer einer unbegreiflichen Politik und eines noch unbegreiflicheren Marktgeschehens, und stattdessen die Fähigkeit zur Gestaltung, die Macht in den Verhältnissen, zurückgewinnen. Dazu gehört unabweisbar die Fähigkeit, und die Möglichkeit, zur Verantwortung im Sinne der selbstverantwortlichen Lebensführung. Meine Bitte lautet deshalb: Klatschen Sie nie wieder Beifall, wenn ein Redner unter Hinweis auf den im Übrigen auch von mir hochgeschätzten Helmut Schmidt verkündet, wer Visionen habe, solle zum Arzt gehen. Wir haben uns die Fähigkeit, in die Zukunft zu denken, längst zu gründlich abgewöhnt. Ein Land ohne Visionen hat keine Zukunft.

EDWARD KRUBASIK

Standortpflege der Politik und Standortpolitik der Unternehmen

In der Agenda eines europäisch-globalen Unternehmens wie Siemens spielt der Trend zur Verlagerung von Wertschöpfung eine wichtige Rolle. Diese Verlagerung stellt aber nicht nur Unternehmen vor neue Herausforderungen, sondern ganze Wirtschaftsregionen, wie z.B. Europa.

I. Grob betrachtet, läuft die Globalisierung unserer Weltwirtschaft in drei Schritten ab, die Siemens in der eigenen Unternehmensgeschichte durchlebte:

- Im ersten Schritt wollen Entwicklungsländer ihre Infrastrukturen und die Basis für eine eigene Industrie aufbauen. Sie verpflichten globale Anbieter zur lokalen Produktion. Auch Siemens erfüllte die Lokalisierungsanforderung in geschützten Märkten. 1990 hatten wir 246 Produktionsstätten in 41 Ländern.

- In einem zweiten Schritt werden die Handelsbarrieren bzw. Schutzwälle abgebaut, die Handelsströme wachsen zum Nutzen aller Beteiligten. In dieser Phase findet eine massive Reorganisation der lokalen Wertschöpfungen statt.

- Als dritter Schritt findet häufig eine Konsolidierung von gesamten Industriezweigen statt. Unternehmen beschleunigen die Expansion in internationale Märkte durch Akquisitionen. Dies führt zu globalen Unternehmen, wie man sie beispielsweise aus der Chemie- und Pharmaindustrie oder der Telekommunikation kennt. Parallel dazu verlangen die neuen freien Marktwirtschaften in Osteuropa, Russland und China nach Aufbau von Fertigung sowie Forschungs-

und Entwicklungseinrichtungen. Die weltweite IT-Vernetzung und verbesserte Logistik beschleunigen die Globalisierung.

Diesen Globalisierungstrends folgend, hat heute jedes Industrieunternehmen vier Hauptaufgaben zu bewältigen:

1. Globale Wachstumschancen in der Triade Amerika, Asien, Europa zu nutzen:
Europa ist mit 450 Millionen Verbrauchern für Siemens auch künftig ein Expansionsgebiet. Mittelfristig ist Osteuropa besonders interessant als Produktionsstandort. Die USA sind heute mit rund 70.000 Mitarbeitern an 780 Standorten ein Heimatmarkt für Siemens und größter und wichtigster Markt nach Europa. In China sind wir bereits jetzt mit mehr als 40 Unternehmen präsent, und es werden sicher noch mehr.

2. Globale Spitzenpositionen für jedes Industrie-Segment zu erarbeiten und Industrien strategisch zu konsolidieren:
Dazu gehören auch Akquisitionen, wie z.B. die Firma Share Medical Service, die unsere Medizintechnik in den USA gekauft hat. Dadurch erlangen wir die notwendige Software und Informationsdienstleistung, um unsere Bilder aus Kernspin-Tomographen oder Röntgenanlagen bedarfsgerecht dort zur Verfügung zu stellen, wo ein Patient oder ein Krankenhaus sie braucht. Andererseits bedeutet dies einen Rückzug aus jenen Geschäftsfeldern, in denen wir es nicht schaffen, Nummer eins oder zwei zu sein im globalen Konzert.

3. Lokale Wertschöpfung in den Wachstumsmärkten zu schaffen und Leitmärkte aufzubauen:
Für Siemens heißt das Ziel konkret, Technologieführer zu werden und internationale Talente zu gewinnen. Wir agieren als Global Network of Innovation. Außerhalb von Deutschland hat Siemens 61 Fertigungseinheiten in Europa (1975: 27), 72 in Nordamerika (1975: 4), 14 in Südamerika (1975: 8) und 44 in Asien (1975: 5) durch Eigenaufbau und Akquisitionen. Etwa 46.000 Entwickler arbeiten in 150 Entwicklungszentren weltweit in mehr als 30 Ländern. Leitmärkte sind für uns z.B. die USA für Ultraschall und Nuklearmedizin mit dem „Imaging Laboratory“ in Princeton, für Softswitch/Internet in Boston oder für Telekom-

entwicklung in Boca Raton. In anderen Märkten entwickeln wir Low-cost-Medizintechnik, z.B. Computer-Tomographen für China, Indien und Brasilien.

4. Globale Organisationen und globale Unternehmenskultur aufzubauen:

Wir betreuen globale Kunden mit einem globalen Team. Um z.B. Prozessindustrieanlagen permanent überwachen und Probleme von jedem Standort der Welt aus lösen zu können, haben wir über Satellitenverbindungen 24 Stunden Follow-the-sun-Konzepte im Service und in der Betreuung solcher Anlagen entwickelt. Unsere Kunden wollen nicht nur Fertigung, sondern auch Liefersicherheit, Ingenieur- und Serviceunterstützung im eigenen Lande sehen: Dies zeigt sich an unseren 22 Divisions/Subdivisions Headquarters im Ausland, zusätzlichen Centers of Competence, mit Regionalgesellschaften in mehr als 190 Ländern; unsere Customer Focus Organisation hat 800 Accountteams; 10 von 63 Siemens-Vorständen und 24 von 68 CEOs sind Ausländer.

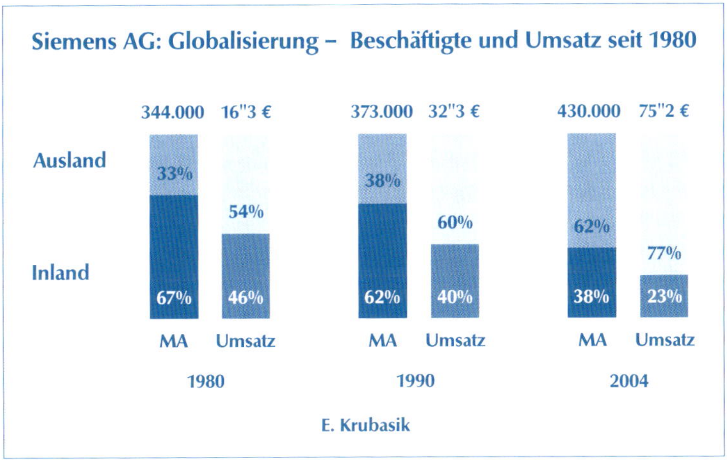

Als Konsequenz stieg der Auslandsumsatz von Siemens von 55 Prozent im Geschäftsjahr 1980 auf 82 Prozent im Jahr 2004 und die Zahl der im Ausland Beschäftigten im gleichen Zeitraum von 109.000 auf 247.000.

Bereits heute machen wir den größten Teil des Umsatzes in Amerika, auf Platz zwei liegt Deutschland. Es zeichnet sich ab, dass im laufenden Geschäftsjahr China zur zweitgrößten Umsatzregion aufsteigen wird. Die folgende Grafik zeigt, wie Marktpotenziale der Elektronikindustrie global verteilt sind. Auf einen Blick werden Defizite sichtbar, wenn beispielsweise in Asien 31 Prozent Potenzial liegen, wir aber bisher nur zwölf Prozent unseres Umsatzes dort erzielen.

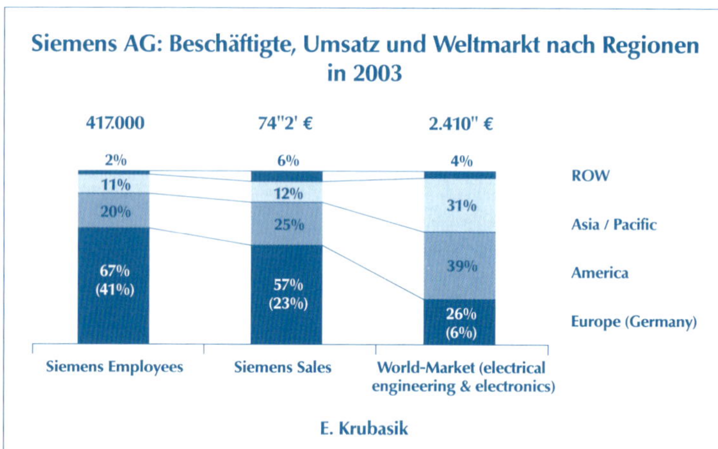

II. Für Deutschland können wir aus dem Globalisierungstrend eine Reihe von Einsichten ableiten:

Wertschöpfung siedelt sich dort an, wo Wachstum stattfindet, und zwar über alle Stufen der Wertschöpfungskette, also auch in Forschung und Entwicklung. Stark wachsende Märkte in Asien und USA werden Wertschöpfung (Fertigung und Entwicklung) an sich ziehen.

Die Senkung der im internationalen Vergleich zu hohen Arbeitskosten kann zwar den Wettbewerbsdruck mildern, wird aber nicht allein die Zukunft für den Wirtschaftsstandort Deutschland sichern. Deutschland hat hohe Sozial- und Umweltstandards. Diese Standards wollen wir auch in Zukunft nicht aufgeben. Aber wir brauchen eine neue Wohlstandsbasis, die uns diese Standards ermöglicht.

Deutschland wird alte Technologien an low-cost-Länder abgeben und kann nur noch durch neue Technologien und Innovationen Wohlstand für seine Bevölkerung schaffen. Altes könnten wir nur bei Abschottung einer Hochkosten-Insel halten. Ein Hochkostenland wie Deutschland wird arbeitsteilig der Welt seine einzigartigen bzw. differenzierenden Fähigkeiten zur Verfügung stellen müssen.

Die Probleme der Globalisierung liegen also nicht in der Tatsache, dass neue Länder unsere reifen Produkte einfacher und preisgünstiger fertigen können als wir, sondern in der Tatsache, dass wir nicht genügend neue Anwendungen für Innovationen hier in Europa schaffen. Daher muss unser Motto sein, Leitmärkte für neue Technologien hier zu schaffen und später diese auch in alle Welt zu exportieren. Ein Wachstumsschub durch Export wird nur möglich sein für die Produkte und Dienstleistungen, die ihren Leitmarkt in Deutschland haben. Deshalb können wir es uns nicht leisten, die Anwendung neuer Technologien zu verzögern oder sie aus politisch-ideologischen Gründen zu verbieten.

Deutschland ist auf Innovation angewiesen, die wir konsequent in Wachstum und Wohlstand umsetzen müssen. Das kann insbesondere gelingen auf Gebieten, in denen wir besser, schneller und innovativer als andere sind. Dazu müssen wir unsere vorhandenen Stärken effizient nutzen und ausbauen, dürfen aber auch neue Chancen nicht verschlafen.

In einigen Gebieten hat sich Deutschland bereits erfolgreich zum Leitmarkt entwickelt, z.B. in der Fertigungs- und Prozessautomatisierung, der Medizintechnik, Mikrosystemtechnik oder der Autoelektronik. Ein anderes Beispiel, das Mut macht, sind die Mobilfunknetze. Die Digitalisierung der TV-Kabelnetze, der Aufbau von digitalem terrestrischem Rundfunk- und Fernsehempfang, die Satellitentechnik oder das Telefonieren über Internet zeigen durch ihren Erfolg, wie Investitionen in High-Tech-Märkte Verbrauchernachfrage erzeugen. Durch den Umstieg auf das digitale Antennenfernsehen DVB-T hat sich der Verkauf von Empfängern im letzten Jahr von 175.000 auf 1,4 Millionen Stück verachtfacht! Die Geräte wurden größtenteils durch deutsche Mittelständler hergestellt. Großereignisse, wie die Fußball-WM 2006 oder

Formel-1-Rennen, werden die Nachfrage nach neuen, digitalen oder HDTV-Fernsehgeräten weiter steigern. Um diese Absatzförderung zu unterstützen, haben die im Zentralverband der Elektrotechnik- und Elektronikindustrie (ZVEI) organisierten Industrieunternehmen eine spezielle „Digitalisierungs-Initiative" gestartet.

Eine noch unausgeschöpfte kurzfristige Wachstumsquelle liegt in der Modernisierung der deutschen und europäischen Infrastrukturen. Schätzungen gehen davon aus, dass sich in Deutschland zwischenzeitlich Investitionsstaus in nahezu dreistelliger Milliardenhöhe angesammelt haben. Überfällig sind Felder wie Elektronikeinsatz im Straßenverkehr, Staubekämpfung, Hochgeschwindigkeits- und Magnetschwebebahnen, das Gesundheitswesen oder die Energieversorgung. So müssen bis 2020 rund ein Drittel aller deutschen Kraftwerke erneuert und neue Netzkapazitäten gebaut werden. Die Anwendung dieser neuen Technologien kann dabei in Deutschland wieder zu neuen Leitmärkten mit ihren positiven Effekten für Beschäftigung führen, denn viele dieser Infrastrukturprojekte werden die ganze Wertschöpfungskette vom kleinen Zulieferer bis zum Generalunternehmer mobilisieren.

III. Aus der Sicht großer Unternehmen scheint die Lissabon Agenda eine visionäre, vorausschauende und kluge Reaktion Europas auf die globale Neuverteilung industrieller Wertschöpfung zu sein:

Die Wettbewerbsfähigkeit Europas und die globale Wettbewerbsfähigkeit von Siemens auf Basis eines Leitmarktes Europa verlangen sechs Schwerpunkt-Aktionen für Politik und Unternehmen:

- **Konsequent Innovation in Wachstum umsetzen**

Ständige Innovationen sind die Grundlage der globalen Wettbewerbsfähigkeit und des Wachstums unserer Industrie. Innovationen der Elektrotechnik- und Elektronikindustrie sind zugleich Motor des Fortschritts in praktisch allen Wirtschafts- und Lebensbereichen. Die treibenden externen Kräfte für Innovation sind fordernde Kunden- bzw. Leitmärkte und intensiver Wettbewerb respektive wirtschaftlicher Ansporn.

Die internen Motoren sind kreative technische Talente und risikofreudige Unternehmer. Diese externen Marktkräfte und Umsetzungsmotoren zu stärken, ist konsequente Innovationspolitik.

Eine erfolgreiche Innovationspolitik muss vor allem die Anwendung neuer Technologien fördern. Innovation heißt nicht nur Erfinden, sondern vor allem erfolgreiches Umsetzen und Vermarkten von Technologien. Statt zu viel für „alte" Wirtschaftszweige einzusetzen, müssen wesentlich mehr Investitionen in den Aufbau von Wachstumsindustrien und die Anwendung neuer Technologien gelenkt werden, um neue Arbeitsplätze zu schaffen.

Wir brauchen mehr Investitionen für Innovationsprojekte auf Zukunftsmärkten: IKT-Anwendungen, Mobilität, Gesundheit, intelligentes Wohnen, innovative Infrastrukturen für Verkehr, Produktion, Kommunikation und Energieversorgung. Im Vergleich zu anderen Industrieländern gibt es zu viel „fehlgeleitete" Subventionen, zuwenig Investitionen in Forschung, Entwicklung und Bildung. Es wäre sinnvoll, mehrere Milliarden Euro Subventionen für Bergbau und Landwirtschaft in die Förderung zukunftsträchtiger Technologien umzulenken. Zurzeit investieren Staat und Industrie zuwenig in Forschung und Entwicklung (2,5 Prozent des Bruttoinlandsproduktes). Unser Ziel müssen drei Prozent oder mehr sein (USA 2,64 Prozent, Japan 3,1 Prozent).

Insbesondere Hightech-Infrastrukturen in Europa können einen entscheidenden Beitrag zur raschen Entwicklung europäischer Unternehmen und Märkte leisten. Wir müssen Hightech-Infrastrukturen als Standortvorteil für Deutschland auf- und ausbauen. Wir brauchen den weiteren Ausbau des Bahnnetzes und der Bahnautomatisierung, Telematik-Infrastrukturen, Industrial-IT, eHealth in der Medizintechnik, eine flächendeckende Digitalisierung von Rundfunk und Fernsehen, Sicherheitsinfrastrukturen und Transeuropäische Netze zum Transport von Menschen, Informationen, Energie und Gütern, um die mit der Digitalisierung verbundenen Chancen in den relevanten Branchen zu realisieren.

Auf dem Gebiet der Zusammenarbeit von Wirtschaft und Wissenschaft in gemeinsamen Projekten haben wir noch viel Raum für Verbesserungen.

Forschungsmittel aus Steuergeldern sind nicht zur Förderung von Institutionen da, sondern zur Förderung von Projekten – Forschungsprämien können dabei stimulierend wirken. Wir brauchen mehr Verbundprojekte von Wirtschaft und Wissenschaft und weniger Förderung von Institutionen nach dem Gießkannenprinzip. Dabei ist es wichtig, sich auf Förderung auf Wachstumskerne, regionale Cluster und Clusterthemen zu konzentrieren. Sich selbst verstärkende Cluster helfen, Ideen aus der Forschung in die Praxis umzusetzen, und sichern maximalen Effekt durch besseres Zusammenwirken von Großunternehmen, Mittelstand, Universitäten und Verwaltung.

- **Unternehmertum stärken in einem schlanken und effizienten Staat**

Die schnellsten und kostengünstigsten Hebel für Wirtschaftswachstum in Deutschland sind politische Rahmen- und Marktbedingungen, die Unternehmertum fördern und attraktive Bedingungen für Investitionen schaffen. Dazu zählt die Vereinfachung der Unternehmenssteuern ebenso wie die Reduktion von administrativen Auflagen. Die USA oder Irland zeigen uns, wie die Gründung von Unternehmen mit einem Minimum an bürokratischem Aufwand gelingen kann.

Entschlossen voranschreiten müssen wir außerdem auf dem Weg zu einem offenen und voll integrierten europäischen Markt, auch im Bereich der Finanzdienstleistungen, der Infrastrukturmärkte und aller noch nicht dem Wettbewerb zugänglichen Märkte.

Innovation und Unternehmertum sind die entscheidenden Wachstumstreiber unserer Volkswirtschaft. Innovationsmotoren für die F+E-Industrie sind neben ideenreichen technischen Talenten insbesondere risikofreudige Unternehmer. Die staatliche Investitionsquote ist heute auf historische Tiefststände abgesunken – in Deutschland auf unter 20 Prozent. Wenn unsere Regierung mehr in die Zukunft investiert, beispielsweise in Universitäten und Infrastrukturen, wird für manche Sozialausgabe und manche Subvention das vorhandene Budget nicht reichen. Aufgaben werden an den Einzelnen und an den privaten Sektor abgegeben werden müssen. Je geringer der Staatseinfluss, desto größer sind jedoch die wachstumstreibenden Marktkräfte. Unsere Industrie bietet eine Chance, die Staatsquote von 47,5 Prozent auf 25 bis 30 Prozent zu reduzieren: Aufgaben, die nicht zum Kernbereich staatlicher Leistungserbringung gehören, sollten ausgegliedert und der Wirtschaft anvertraut werden, die sie in eigener Verantwortung übernimmt.

Das Potenzial von Public Private Partnerships (PPP) wird in Deutschland noch viel zu wenig ausgeschöpft, z.B. in den Bereichen Verkehr und Infrastruktur, Energie, Primäre Gesundheitsfürsorge, Bildungsinfrastrukturen, Sicherheit. Die nötige Regulierung für privatisierte Sektoren muss investionsfördernd sein.

Die Eigenkapitalsituation, insbesondere in mittelständischen Unternehmen, ist zu verbessern, z.B. durch eine Erbschaftssteuer nach britischem Vorbild, durch eine Reduktion der Steuerlast und Abgaben, durch einen verbesserten Zugang zu Private Equity Capital und Venture Capital. Im internationalen Vergleich der Steuersätze liegt die Gesamtbelastung der deutschen Unternehmen wesentlich höher als in den wichtigsten Wettbewerbsländern: Nötig wäre eine Senkung des Höchstsatzes bei direkten Steuern auf 30 Prozent und eine Senkung der Sozialversicherungsbeiträge auf unter 35 Prozent.

■ Exzellenz in der Bildung und Ausbildung sichern

Bildung und exzellente Ausbildung beeinflussen zwar nicht kurzfristig, sondern mittelfristig und mittelbar das Wirtschaftswachstum in Deutschland, dafür aber umso nachhaltiger. China hat fünfmal so viele Absolventen in den Ingenieursstudiengängen wie die USA, die USA fünfmal so viele wie Europa. Die jüngsten Zahlen belegen einen neuerlichen Rückgang von Ingenieurstudenten in Deutschland. Diese alarmierende Entwicklung hat noch nichts mit dem demographischen Wandel zu tun, auch wenn wir auf diesem Gebiet rasch auf die bereits gesicherten Prognosen reagieren müssen. Wie können wir junge Menschen – und dabei insbesondere mehr junge Frauen – dazu motivieren, sich für ein technisches oder naturwissenschaftliches Studium und späteres Berufsfeld zu entscheiden? Ein Patentrezept haben wir noch nicht gefunden. Deshalb müssen wir auch in Zukunft gezielt Talentzuwanderung aus dem Ausland fördern.

Die Einführung von Bachelor- und Master-Studiengängen für Elektroingenieure in Deutschland fördert eine bessere internationale Vernetzung. Als Rüstzeug für unternehmerische Tätigkeit müssen neben wissenschaftlich-technischen auch kaufmännische und auf die Unternehmenspraxis bezogene Inhalte und Fähigkeiten vermittelt werden.

Bildungsausgaben müssen als eine Investition in die Zukunft verstanden werden: Wir müssen also Bildungsausgaben der staatlichen Hand steigern und effizienter nutzen, Infrastruktur der Schulen modernisieren und Qualität sowie Ausbildungsintensität der Schulen verbessern.

- **Flexibilität und Mobilität im Arbeitsmarkt schaffen**

Unsere Branche lebt von Innovation, d.h. vom Auf- und Abbau von Geschäften, der Einführung neuer und dem Ausphasen alter Technologien, Auslaufen und Aufbau von Produkten bzw. Fertigungen und der Schaffung neuer weltweiter Verbundnetze. So wandern Jobs von Alt zu Neu in Unternehmen und zwischen Unternehmen, zwischen Standorten, zwischen Ländern. Um Beschäftigung und Innovation dauerhaft in Deutschland zu halten, brauchen wir mehr Mobilität und Flexibilität im Arbeitsmarkt.

- **Weitere Liberalisierung des europäischen Binnenmarktes und bessere Regulierungen durchsetzen**

Viele Märkte werden sich lebhafter entwickeln durch Liberalisierung des EU-Binnenmarktes und durch mehr innovationsfördernden Wettbewerb. Mehr Wettbewerb schafft mehr Innovation und Investitionen für Modernisierung, mehr Innovation führt zu mehr Wachstum. Wir brauchen in Europa mehr Marktmechanismen und weniger Detailverordnungen. Leider bremst viel zu oft Regulierung den Innovationswettbewerb.

- **Mehr Wettbewerb in der Umweltpolitik und Standardisierung**

Unsere Industrie tritt ein für den Umweltschutz und sinnvolle technische Normen. Es kommen jedoch immer mehr Umwelt- und andere Binnenmarktrichtlinien aus Brüssel. Fachfremde Detailregelungen verhindern oft bessere Lösungen, die durch Wettbewerb entstanden wären. Die Konsequenz ist klar: Wir brauchen mehr Wettbewerb, wie es uns z.B. der Emmissionshandel oder die Regelung zur Altgeräteentsorgung vormacht.

VI. Wir können es schaffen, wenn wir auf V-Denkweisen umsteigen:

Europa muss wie die Unternehmen die Globalisierungsaufgabe erfolgreich meistern: Aufbau von Wertschöpfung in neuen Wachstumsmärkten und gleichzeitig Restrukturierung in alten Märkten. Dabei hilft die V-Denkweise für Einzelunternehmen ebenso wie für Europas Gesamtwirtschaft: Altes abbauen, Kosten senken und alte Industrien restrukturieren – das betrifft Regulierungen, Sozialsysteme und Denkweisen gleichermaßen. Andererseits heißt es kräftig zu investieren in Neues und in die Gestaltung der Zukunft: Technologien, junge Talente, Anwendungen, Industrien, Wettbewerb, Eigeninitiative.

Auf der Kostensenkungs- und Restrukturierungsseite haben wir bereits genügend Diskussion – mehr Diskussion brauchen wir auf der Wachstums- und Innovationsseite. Der Aufbau des Neuen verlangt massive Zukunftsinvestitionen von Staat, Privatwirtschaft und Individuen auf Kosten des Konsums in der Gegenwart: Das bedeutet weniger Sozialausgaben und mehr Finanzen für die Zukunft. Für den **Staat** heißt das, Aufgaben in Betrieb und Konsum abzugeben und auf Zukunftsinvestitionen zu fokussieren: Politik und Wirtschaft müssen gezielt in Forschung und Entwicklung investieren und Talente fördern in den wesentlichen Zukunftsschwerpunkten. Der Staat wird immer wieder gebraucht werden als Regulierer für privatisierte Märkte, um dort die richtigen Bedingungen für Investition und Wettbewerb zu schaffen. Für die **Unternehmer** heißt das, mehr Infrastrukturaufgaben in PPP zu übernehmen. Dazu gehört die Regulierung des abgegebenen privaten

Sektors, so dass Infrastrukturinvestitionen attraktiv werden. Für den **Einzelnen** heißt das mehr Eigeninitiative und Eigeninvestition in Bildung und Altersvorsorge und die Annahme von Arbeit zu härteren Bedingungen, so dass wir wettbewerbsfähig gegenüber Asien und Osteuropa bleiben.

Europa muss aus eigener Kraft stark sein durch den Aufbau von Leitmärkten, die Anwendung von Innovationen und die Entwicklung von Talenten. Wir können bei uns die Erstanwendungen solcher neuen Technologien realisieren, die uns den Weg in die Zukunft sichern. Dies wird entscheidend für unseren künftigen Wohlstand sein, der sich in Europa auch auf Export gründet. Denn gerade über den Export beteiligt sich Europa am Aufbau neuer Volkswirtschaften. Innovationen in unserem Land machen nur Sinn, wenn auch Erstanwendung und Leitmärkte für unsere Innovationen in Europa realisiert werden.

WOLFGANG WIEGARD
Standortpflege der Politik und Standortpolitik der Unternehmen

Ich muss gestehen, dass mich das vorgegebene Thema zunächst ins Grübeln gebracht hat: Standortpflege der Politik und Standortpolitik der Unternehmen. Deswegen war ich froh, dass Herr Krubasik den ersten Vortrag gehalten hat. Denn dadurch wusste ich, dass er auf die Determinanten der unternehmerischen Standortentscheidung eingeht und dies theoretisch und natürlich auch praktisch am Beispiel von Siemens verdeutlichen wird. Deshalb kann ich mich in der Tat auf den ersten Teil des Themas konzentrieren. Also: Standortpflege der Politik, oder anders gewendet: Was kann die Politik, die Wirtschaftspolitik in Deutschland tun, um den Standort Deutschland attraktiver zu machen, um die Standortattraktivität Deutschlands zu sichern oder zu verbessern – auch im Vergleich zu den europäischen Wettbewerbern? Diese Frage möchte ich unter Bezug auf die aktuelle wirtschaftspolitische Debatte zu beantworten versuchen.

Wir haben ja seit etwa zwei Wochen wieder eine sehr intensive Debatte über Wirtschaftspolitik. Wenn Sie heute das „Handelsblatt" gelesen haben: Auf der letzten Seite des ersten Teils wird ja diese Woche zur Woche der Entscheidung hochstilisiert. In der „Bild"-Zeitung war vor 14 Tagen die große Überschrift „Tut endlich was!" zu lesen; „Schröders schwerste Woche" stand dort in der vergangenen Woche. In der Tat, alles starrt gebannt und gespannt auf den kommenden Donnerstag. Dann wird der Bundeskanzler im Deutschen Bundestag eine Regierungserklärung abgeben, von der wir alle sehr viel erwarten. Im Übrigen ist dies fast zwei Jahre genau nach der Regierungserklärung, nämlich am 13. März 2003, dem Tag, an dem er die Agenda 2010 vorgestellt hat, die ja immer noch nicht abgeschlossen ist. Am Abend wird sich der Bundeskanzler dann mit Vertretern der Opposition, Frau Merkel und Herrn Stoiber, treffen. Mal sehen, was dabei heraus kommt. Und schließlich wird auch viel von der morgigen Rede des Bundespräsidenten erwartet, dass er eine wirtschaftspolitische Agenda setzt und die Bundesregierung auch zu weiteren wirtschaftspolitischen Reformen antreibt. Dieser wirtschaftspolitische Diskussionsprozess wird begleitet und eigentlich auch vorangetrieben von Sofortprogrammen, die jetzt wieder von allen möglichen Parteien, Verbänden und auch Politikern vorgelegt werden. Die CSU hat bekanntlich den „Pakt für Deutschland" vorgelegt, in dem zehn Punkte für ein Sofortprogramm skizziert worden sind. Herr Steinbrück soll auch ein Zehn-Punkte-Programm vorgelegt haben, das ich aber noch nicht kenne.

Die Wirtschaftsverbände haben ein Zwölf-Punkte-Programm vorgelegt, das DIW und das IZA haben zusammen mit dem IW und dem HWWA ein Drei-Punkte-Programm vorgelegt – und der Sachverständigenrat hat vor Jahren schon ein Zwanzig-Punkte-Programm präsentiert. In den Sofortprogrammen steht im Endeffekt nicht allzu viel Neues. Das meiste stand schon in unserem Zwanzig-Punkte-Programm. Nun, unsere „Zwanzig Punkte für Beschäftigung und Wachstum" sind mittlerweile auf zehn Punkte geschmolzen. Das liegt daran, dass von den 20 Punkten, die wir im Jahresgutachten 2002/2003 vorgeschlagen haben, mittlerweile rund zehn Punkte in die Politik eingegangen sind: Die Agenda 2010 hat zehn von unseren 20 Punkten berücksichtigt. Deswegen reduzieren sich die vorliegenden Sofortprogramme mehr oder weniger auf die noch offenen zehn Punkte des Sachverständigenrates.

Ich kann durchaus nachvollziehen, dass wir gegenwärtig eine intensive, teilweise sogar schon hektische wirtschaftspolitische Debatte haben, auch wenn es aus meiner Sicht ökonomisch eigentlich nicht ganz rational ist. Nachvollziehbar ist es deshalb, weil wir in den letzten beiden Wochen durch zwei Nachrichten aufgeschreckt worden sind: Das sind natürlich einmal die Arbeitslosenzahlen für Januar und Februar. Die Arbeitslosenzahlen im Januar: 5,037 Millionen registrierte Arbeitslose. Die Arbeitslosenzahlen sind im Februar noch einmal etwas angestiegen auf 5,216, fast 5,22 Millionen registrierte Arbeitslose, und für den März wird sogar noch einmal eine leichte Steigerung erwartet auf 5,3 Millionen registrierte Arbeitslose. Bei den Januarzahlen war ein

Anstieg gegenüber dem Dezember um rund 500.000 Personen zu verzeichnen. Im Februar kamen dann noch einmal 170.000 Personen dazu. Das war die erste Horrormeldung. Die zweite Meldung, die natürlich die Öffentlichkeit auch aufgeschreckt hat, ist die, dass der Sachverständigenrat und auch die Wirtschaftsforschungsinstitute dabei sind, ihre Konjunkturprognosen für das Jahr 2005 zurückzunehmen. Der Sachverständigenrat hat in seinem Jahresgutachten, das er im November 2004 vorgelegt hat, für das Jahr 2005 noch eine Zuwachsrate des realen Bruttoinlandsprodukts von etwa 1,4 Prozent veranschlagt. Das müssen wir nach unten revidieren. Wir gehen jetzt aus von einer Zuwachsrate des realen Bruttoinlandsprodukts in einer Größenordnung von etwa einem Prozent. Auch die Wirtschaftsforschungsinstitute revidieren ihre Prognosen zurzeit nach unten. Das RWI etwa geht wie der Sachverständigenrat von etwa 1,0 bis 1,1 Prozent aus. Das Institut für Weltwirtschaft, das sowieso schon mit 0,8 Prozent am unteren Ende lag, ist noch einmal weiter herunter gegangen auf 0,6 Prozent. Das sieht natürlich nicht gut aus, wenn jetzt für das Jahr 2005 schon die Wachstumsprognosen nach unten revidiert werden.

Nun, der Grund für diese Revision liegt aber nicht unbedingt in einem veränderten Konjunkturbild für das Jahr 2005. Wir im Sachverständigenrat und ebenso auch die Wirtschaftsforschungsinstitute gehen von einem weitgehend unveränderten Konjunkturbild für das Jahr 2005 aus. Das ist der erste Grund dafür, dass die gegenwärtige Diskussion um ein wirtschaftspolitisches Sofortprogramm eigentlich ökonomisch nicht richtig überzeugend ist. Das bedeutet, dass die quartalsweisen Zuwachsraten, die wir unterstellt haben für das erste, zweite, dritte, vierte Quartal und die die konjunkturelle Dynamik im Verlauf des Jahres 2005 ausmachen, dass dieses Verlaufsbild im Wesentlichen unverändert bleiben wird. Der Grund für die Revision der Prognosen nach unten ist der, dass wir in Deutschland eigentlich nachträglich im zweiten Halbjahr 2004 fast in eine Rezession geraten sind. Für das vierte Quartal waren wir alle – also Sachverständigenrat, Wirtschaftsforschungsinstitute, auch das Statistische Bundesamt – von einer positiven Zuwachsrate von 0,2 bis 0,3 Prozent ausgegangen. Tatsächlich hat sich jetzt herausgestellt – man muss sagen zur Überraschung aller, inklusive des Statistischen Bundesamtes –, dass im vierten Quartal 2004 das reale Bruttoinlandsprodukt um 0,2 Prozent gegenüber dem Vorquartal zurückgegangen ist. Da wir auch im dritten Quartal gegenüber dem Vorquartal ein Null-Wachstum hatten, sind wir in der Tat im zweiten Halbjahr 2004 haarscharf an einer so genannten technischen Rezession vorbeigeschrammt. Im technischen Sinne ist eine Rezession so definiert, dass in zwei aufeinander folgenden Quartalen die Zuwachsraten des realen Bruttoinlandsprodukts gegenüber dem jeweiligen Vorquartal negativ sind. Mit Null im dritten Quartal und -0,2 Prozent im vierten sind wir also haarscharf an einer technischen Rezession vorbeigeschrammt. Das führt dazu, dass jetzt offensichtlich über Konjunkturprogramme, über Infrastrukturprogramme und über schuldenfinanzierte andere Programme nachgedacht wird. Ich halte das für völlig verfehlt. Und zwar vor allem aus dem Grund, dass die konjunkturelle Dynamik im Jahr 2005 weitgehend unverändert bleiben wird. Die Rezession, die Fast-Rezession, die sich jetzt nachträglich für das Jahr 2004 im dritten und vierten Quartal herausgestellt hat, lässt sich durch zukunftsorientierte Konjunkturprogramme, die möglicherweise erst in der zweiten Jahreshälfte 2005 wirken werden, natürlich nicht mehr rückgängig machen. Man kann aus der Vergangenheit lernen, aber man kann die Vergangenheit nicht mehr ändern. Der konjunkturelle Einbruch im vierten Quartal 2004 kann ja nicht dadurch rückgängig gemacht werden, dass man jetzt ein Konjunkturprogramm auflegt, das dann Ende des Jahres 2005 möglicherweise wirken wird.

Die konjunkturelle Dynamik hat sich im Wesentlichen nicht verändert. Das Niveau hat sich nach unten verschoben, indem wir im vierten Quartal nicht die erwartete Zuwachsrate von 0,2 bzw. 0,3 Prozent, sondern stattdessen einen Rückgang um 0,2 Prozent hatten. Vor allem deshalb muss im Jahresdurchschnitt 2005 von einer geringeren Zuwachsrate ausgegangen werden. Wir haben nicht mehr den statistischen Überhang, den wir unterstellt hatten, wir haben jetzt einen statistischen Unterhang. Deshalb müssen wir unsere Prognose um etwa 0,4 Prozentpunkte nach unten nehmen. Noch einmal: Einen Anlass für ein Konjunkturprogramm kann man daraus beim besten Willen nicht ableiten.

Ähnliches gilt im Hinblick auf die Arbeitsmarktzahlen: Die sind zwar dramatisch, aber sie waren auch schon im Jahr 2004 so dramatisch. Tatsächlich hat sich die Situation auf dem Arbeitsmarkt nämlich kaum geändert. Die Statistik hat sich geändert: Die Zählweise von registrierten Arbeitslosen hat sich zum 1. Januar 2005 mit der Folge geändert, dass die Zahl der registrierten Arbeitslosen im Januar, Februar und im März stark angestiegen ist. Es gibt zwei Gründe für den Anstieg der Arbeitslosigkeit im Januar: Das eine sind die saisonalen Effekte. Von dem Anstieg um 500.000 registrierte Arbeitslose im Januar gegenüber Dezember ist rund die Hälfte saisonbedingt. Wenn Konjunkturforscher auf die Arbeitslosigkeit schauen, nehmen sie sowieso nie die Grundzahlen, sondern immer die saisonbereinigten Arbeitslosenzahlen, und von dem Anstieg von rund 500.000 sind rund 250.000 im Januar saisonbedingt. Der Januar ist nun einmal kälter als der Juni, was auch die nächsten Jahre noch so bleiben wird. Und deshalb wird im Januar immer ein saisonbedingter Anstieg der Arbeitslosigkeit da sein, der herausgerechnet werden muss. Dann bleiben immer noch rund 250.000 zusätzliche Arbeitslose übrig, die zu erklären sind: Nun, das sind im Wesentlichen erwerbsfähige Sozialhilfeempfänger, die im Januar in die Statistik der registrierten Arbeitslosen eingebucht worden sind, aber vorher nicht in der Arbeitslosenstatistik erfasst wurden. Denn die erwerbsfähigen Sozialhilfeempfänger wurden bis Dezember 2004 bekanntlich von den Kommunen finanziert. Sie werden jetzt von den Kommunen an die Bundesagentur für Arbeit weitergereicht. Jeder, der über drei Stunden pro Tag arbeiten kann, zählt als erwerbsfähiger Sozialhilfeempfänger. Er hat dann Anspruch auf Arbeitslosengeld II, muss sich dazu aber als arbeitslos registrieren lassen. Die erwerbsfähigen Sozialhilfeempfänger, die jetzt in der Arbeitslosenstatistik auftauchen und als arbeitslos registriert werden, waren schon vorher arbeitslos. An ihrer Situation hat sich real überhaupt nichts geändert. Sie werden jetzt, was richtig ist, als arbeitslos gezählt, sind aber vorher nicht als arbeitslos gezählt worden; insofern ist das ein statistischer Effekt. Gleichwohl hat das natürlich für eine enorme mediale Aufregung gesorgt, und deswegen wird jetzt darüber nachgedacht, was im Bereich der Arbeitsmarkpolitik getan werden soll, was in Bereichen des Wachstums oder der Konjunktur getan werden soll.

Der zweite Punkt, warum ein sich abzeichnender wirtschaftspolitischer Aktionismus aus meiner Sicht eigentlich etwas überzogen ist, und warum auch die große Schlagzeile der „Bild"-Zeitung („Tut endlich was!") meines Erachtens überzogen ist: In Deutschland hat sich etwas getan in wirtschaftspolitischer Hinsicht, und zwar in einer ganzen Reihe von Bereichen. Wir haben angefangen, unsere sozialen Sicherungssysteme zu reformieren, und zwar erheblich zu reformieren. Und es sind mit den Hartz I- bis Hartz IV-Gesetzen, mit der Agenda 2010 auch Schritte auf dem Arbeitsmarkt eingeleitet worden, die man meines Erachtens nicht unterschätzen sollte. Es ist immer die Frage, woran man die wirtschaftspolitische Bewegung in Deutschland misst – an dem, was man eigentlich für wünschenswert hält, oder an dem, was in der Vergangenheit geschehen ist. Gemessen an dem, was insbesondere von vielen Wissenschaftlern gefordert wird, die ihre Vorschläge aber selbst nicht umsetzen müssen, mögen die begonnenen Reformen zu bescheiden sein. Aber gemessen an dem, was in den letzten 20 Jahren in Deutschland auf den Arbeitsmärkten geschehen ist – nämlich im Endeffekt fast nichts –, ist insbesondere Hartz IV, die Zusammenlegung von Arbeitslosenhilfe und Sozialhilfe zum Arbeitslosengeld II, ein sehr weitreichender Schritt. Diese Maßnahme wird auch Effekte auf dem Arbeitsmarkt zeigen, zwar nicht sofort, aber nach unserer Einschätzung doch gegen Ende des Jahres 2005, und dann in den Jahren 2006 und 2007.

Auch die Beurteilung der Zuwachsraten des realen Bruttoinlandsprodukts hängt von der Referenzgröße ab. Unser reales Bruttoinlandsprodukt wächst in diesem Jahr mit etwa einem Prozent oder etwas weniger. Im letzten Jahr waren es 1,6 Prozent. Das ist weniger als der Durchschnitt des Euroraumes, erheblich weniger als in den Vereinigten Staaten, und noch viel weniger als die Zuwachsraten im asiatischen Raum. Wenn man also die hiesigen Zuwachsraten mit den Zuwachsraten der chinesischen Volkswirtschaft vergleicht, ist unser Wachstum außerordentlich gering. Aber die Referenzgröße für den Sachverständigenrat ist nicht China, sondern das deutsche Potenzialwachstum, die Potenzialwachstumsrate. Sie gibt die Trendwachstumsrate an, die in Deutschland bei Normalauslastung der Kapazitäten langfristig möglich ist, ohne dass es zu einer konjunkturellen Überhitzung und zu einem Aufbau inflationären

Drucks kommt. Wir berechnen dieses Potenzialwachstum jedes Jahr in unserem Jahresgutachten mit einer ganzen Reihe von statistisch-ökonometrischen Methoden. Und dabei zeigt sich, dass das Potenzialwachstum in Deutschland in den letzten Jahren abnahm. Die Potenzialwachstumsrate, mit der Deutschland langfristig spannungsfrei wachsen kann, liegt nach unseren Berechnungen gegenwärtig in der Größenordnung von 1,0 bis 1,1 Prozent. Wir wachsen also in diesem Jahr ungefähr mit der Potenzialwachstumsrate. Wir sind im letzten Jahr sogar leicht über der Potenzialwachstumsrate gewachsen. Deshalb: Im Vergleich zu unseren europäischen Wettbewerbern haben wir in Deutschland kein ausgesprochenes konjunkturelles Problem. Wir haben ein Wachstumsproblem.

Die eigentliche Frage, auf die es uns ankommt, lautet daher: Warum ist denn unser Potenzialwachstum, der langfristige Wachstumstrend in Deutschland, so niedrig im Vergleich zu früher, im Vergleich zum europäischen Ausland, im Vergleich zu den Vereinigten Staaten und im Vergleich zu den asiatischen Volkswirtschaften? Und daraus abgeleitet dann die Frage: Was kann getan werden, um das Potenzialwachstum nach oben zu verschieben? Was kann getan werden, nicht um die konjunkturbedingte Arbeitslosigkeit zu reduzieren, sondern um an diese strukturelle Arbeitslosigkeit heranzukommen?

Der größte Teil der Arbeitslosigkeit besteht aus der so genannten strukturellen Arbeitslosigkeit, die man über verschiedene Maßgrößen messen kann. Daran müssen die erforderlichen Politikmaßnahmen anknüpfen, an der strukturellen Wachstumsschwäche, an der strukturellen Arbeitslosigkeit. Wir müssen bei Beschäftigung und Wachstum ansetzen, damit sich dann auch die Attraktivität des Standorts Deutschland verbessert.

Ich will jetzt auf einige Reformmaßnahmen eingehen, die unseres Erachtens erforderlich sind, um den Wachstumspfad anzuheben, um auf ein höheres Potenzialwachstum zu kommen und um die in der Tat bedrückende Beschäftigungssituation zu verbessern. Wir müssen Maßnahmen ergreifen, die nicht auf einen kurzfristigen wirtschaftspolitischen Aktionismus gerichtet sind, um etwa konjunkturelle Schwankungen auszugleichen. Wir müssen an den langfristigen Wachstumsbedingungen der deutschen Volkswirtschaft und an den Bedingungen für die Reduktion der strukturellen Arbeitslosigkeit ansetzen.

Was muss konkret getan werden? Eine ganze Reihe von Maßnahmen: Die erste Maßnahme, die eigentlich erforderlich ist, hat nichts mit Standortpflege der Politik zu tun. Dabei würde es sich eigentlich eher um eine Politikpflege für den Standort Deutschland handeln. Es geht dabei um eine Reform unseres Föderalismus. Ich meine, dass eine grundlegende Reform unseres föderalen Systems in Deutschland in der Tat eine grundlegende Voraussetzung für alle weiteren Reformen ist. Denn der Föderalismus hat uns in die Politikverflechtungsfalle geführt, in der wir gegenwärtig in Deutschland sitzen. Herr Berthold, der heute Nachmittag hierüber sprechen wird, hat sogar einmal ausgerechnet, wie viel Wachstum uns das föderale Geflecht mit dem Finanzausgleich in Deutschland kostet.

Es ist in der Tat so, dass der Föderalismus dazu geführt hat, dass grundlegende Reformen nicht wirklich vorankommen. Dies hängt eng zusammen mit den unterschiedlichen Mehrheiten im Deutschen Bundestag und im Bundesrat. Fast 65 Prozent der Gesetze, die im Deutschen Bundestag verabschiedet werden, müssen durch den Bundesrat. Die Mehrheiten im Bundestag und Bundesrat sind unterschiedlich, und es ist nun einmal nicht Aufgabe der Opposition, die im Bundesrat die Mehrheit hat, dafür zu sorgen, dass die Bundesregierung, die die Mehrheit im Deutschen Bundestag hat, wieder gewählt wird. Die Parteien verhalten sich also durchaus rational, wenn sie bestimmte Gesetze im Bundesrat nicht passieren lassen. Das System ist falsch, nicht das Verhalten der Parteien. Deshalb sind moralische Appelle auch völlig unangebracht. Wir müssen das System reformieren, so dass die Parteien, wenn sie ihre eigenen Vorteile zu realisieren versuchen, in diesem System zu einer vernünftigen Politik kommen. Wir brauchen eine Entzerrung der Entscheidungen zwischen Bund und Ländern. Die Zustimmungsrechte des Bundesrates müssen drastisch zurückgeführt werden und im Gegenzug muss den Ländern mehr Autonomie gegeben werden. Dazu gehört auch eine Steuerautonomie. Die Bundesländer können im steuerlichen Bereich nahezu nichts allein entscheiden.

Sie können nur mitentscheiden über den Bundesrat, aber sie haben überhaupt keine Steuerautonomie, nicht einmal bei den Steuern, bei denen ihnen das Steueraufkommen zufließt.

Wir hatten eine Föderalismusreformkommission. Sie ist, wie Sie alle wissen, Ende letzten Jahres gescheitert, und zwar an der Zuordnung der Kompetenzen im Bildungsbereich. In anderen Bereichen dagegen ist die Föderalismusreformkommission erstaunlich weit gekommen. Es wäre dringend notwendig, dass die Föderalismusreformkommission entweder in der alten oder einer neuen Zusammensetzung ihre Arbeit wieder aufnimmt. Das dauert lange! Jede Föderalismusreform muss eine Reform der Finanzverfassung einschließen. Die letzte grundlegende Reform der Finanzverfassung hatten wir im Jahr 1969. Es hat aber damals 15 Jahre Vorbereitung bedurft, um zu dieser Änderung der Finanzverfassung zu kommen. So viel Zeit haben wir dieses Mal nicht. Aber ich meine, eine Reform des Föderalismus ist wirklich eine conditio sine qua non, um bei grundlegenden Reformen wirklich weiter zu kommen.

Was wir auch brauchen – und darüber wird zum Glück mittlerweile ernsthaft diskutiert –, ist eine Reform der Unternehmensbesteuerung. Die Unternehmensbesteuerung ist in der Tat die Achillesferse unseres Steuersystems. Wir haben im letzten Jahr intensiv über eine grundlegende Steuerreform diskutiert. Wir haben aber zum Teil über das Falsche, über das Unwichtige diskutiert. Wir haben darüber diskutiert, ob wir einen Stufentarif bei der Einkommenssteuer oder einen linear-progressiven Tarif haben wollen oder nicht. Das ist eigentlich fast egal. Es sei denn, wir haben einen wirklich durchgängig linearen Tarif, eine Flat Tax. Für sie spricht viel, aber ob wir einen Vier- oder Fünf-Stufen-Tarif haben oder einen linear-progressiven Tarif, dadurch wird unser Steuersystem weder wesentlich besser noch wesentlich einfacher. Und es ist auch völlig gleichgültig, ob die Steuererklärung auf einen Bierdeckel passt oder nicht. Darauf kommt es überhaupt nicht an.

Die Schwachstelle unseres Steuersystems ist die Unternehmensbesteuerung, und zwar in zweifacher Hinsicht. Zum einen ist Deutschland ein Hochsteuerland, was die tariflichen und effektiven Steuersätze auf die unternehmerischen Gewinne angeht.

Der zweite Punkt ist: Wir haben in unserem Steuersystem – und dazu hat die letzte Unternehmenssteuerreform 2001 wesentlich beigetragen, in der wir vom Anrechnungsverfahren zum Halbeinkünfteverfahren übergegangen sind – an der Schnittstelle von Körperschaftsteuer und Einkommensteuer eine Verletzung zentraler Neutralitätseigenschaften. Wir haben keine Rechtsformneutralität: Personengesellschaften, Einzelunternehmen auf der einen Seite und Kapitalgesellschaften auf der anderen Seite werden steuerlich ganz unterschiedlich behandelt. Und wir haben auch keine Finanzierungsneutralität. Einbehaltene Gewinne werden steuerlich bei Kapitalgesellschaften anders behandelt als ausgeschüttete Gewinne; Fremdfinanzierung wird anders behandelt als Eigenkapitalbildung. Das alles führt zu mannigfachen Verzerrungen auf dem Kapitalmarkt. Daher brauchen wir Finanzierungsneutralität und Rechtsformneutralität bei der Besteuerung, und am besten auch Investitionsneutralität.

Ich will Ihnen einige Zahlen präsentieren, insbesondere zum Beleg der Behauptung, dass Deutschland ein Hochsteuerland ist. Da gibt es ja bei uns eine Diskussion, ob wir tatsächlich ein Hochsteuerland oder nicht doch eher eine Steueroase sind. Vielleicht erinnern Sie sich an eine der letzten Ausgaben der Zeitschrift DIE ZEIT, in der eine Tabelle mit der Überschrift „Steueroase Deutschland" abgedruckt war. In ihr wurden alle 25 EU-Länder aufgelistet, und Deutschland lag bei der Unternehmenssteuerquote, die den Anteil der Unternehmenssteuern am Bruttoinlandsprodukt angibt, auf dem allerletzten Platz mit einer – in Anführungsstrichen, sage ich bewusst – „Unternehmenssteuerquote" von 0,6 Prozent. Dies ist die geringste – immer in Anführungsstrichen – „Unternehmenssteuerquote" unter allen 25 EU-Ländern; der Durchschnitt liegt bei 2,4 Prozent.

Diese Zahlen sind richtig, aber sie sind missverständlich und absolut nicht aussagekräftig, und zwar aus folgenden Gründen: Erstens wurden nicht die Unternehmenssteuerquoten angegeben, sondern ausschließlich die Körperschaftsteuerquoten. Aber in Deutschland zahlen nicht nur Kapitalgesellschaften Steuern, sondern auch Einzelunternehmen und Personengesellschaften. Diese Unternehmen zahlen keine Körperschaftsteuer, sie zahlen Einkommensteuer. Der Unterschied zum Ausland ist, dass bei uns in Deutschland 87 Prozent der Unternehmen in Form von Personengesellschaften und Einzelunternehmen organisiert sind und nur die verbleibenden 13 Prozent als Kapitalgesellschaften, also etwa als GmbH organisiert sind und Körperschaftsteuer bezahlen. Dagegen ist in anderen Ländern die Kapitalgesellschaft die eindeutig dominierende Rechtsform. Jetzt vergleicht man also das Körperschaftsteueraufkommen aus Ländern, in denen fast alle Unternehmen Körperschaftsteuer zahlen mit dem Körperschaftsteueraufkommen in Deutschland, dass nur von 13 Prozent der Unternehmen gezahlt wird – kein Wunder, dass dann die Körperschaftsteuerquote niedriger ist. Der zweite erhebliche Fehler ist, dass wir in Deutschland ja zumindest noch die Gewerbesteuern, die von Kapitalgesellschaften gezahlt werden, zu den Unternehmenssteuern zählen müssen. Für Personengesellschaften führt § 35 Einkommensteuergesetz mit der pauschalierten Anrechnung der Gewerbesteuer auf die Einkommensteuerschuld dazu, dass die effektive Gewerbesteuerbelastung gering ist. Bei Kapitalgesellschaften muss hingegen zur Körperschaftsteuer die Gewerbesteuer dazugezählt werden. Der dritte Punkt, warum diese Zahlen nichts taugen, ist: Man darf bei solchen Vergleichen nicht speziell das Jahr 2002 nehmen. Denn das Jahr 2002 war noch das Jahr der Umstellung vom Anrechnungsverfahren auf das Halbeinkünfteverfahren. Die deutschen Unternehmen haben erhebliche Steuergutschriften bekommen, die sie in diesem Jahr mit dem Körperschaftsteueraufkommen verrechnen konnten. Insofern sind im Jahr 2002 wegen der Steuergutschriften nur geringe Körperschaftsteuern gezahlt worden. Insofern belegen diese Zahlen absolut in überhaupt keiner Weise – wie das DIE ZEIT suggeriert –, dass Deutschland eine Steueroase ist.

Gelegentlich wird zum Beleg der These, dass Deutschland ein Niedrigsteuerland für Unternehmen sei, auch auf die Konzernsteuerquoten verwiesen. Da schwirren Zahlen durch die Gegend von etwas über zehn Prozent Konzernsteuerquote. Ich glaube, dass diese Zahlen aus methodischen Gründen falsch konstruiert sind. Vermutlich werden bei diesen Zahlen die in Deutschland von den Dax-30-Unternehmen gezahlten Steuern auf die weltweit erzielten Gewinne in Bezug gesetzt. Dies wäre methodisch sowieso zweifelhaft. Wenn, dann muss man die weltweit gezahlten Steuern auf die weltweit erzielten Gewinne beziehen.

Vergleicht man dann die Konzernsteuerquoten der Dax-30-Unternehmen in Deutschland mit den entsprechenden Konzernsteuerquoten börsennotierter Unternehmen in Frankreich, in den Vereinigten Staaten usw., zeigt sich sofort, dass die Dax-30-Unternehmen in Deutschland geringere Steuern zahlen als nur national tätige Unternehmen. Aber das ist keinesfalls ein Beleg dafür, dass Deutschland eine Steueroase ist. Wir liegen bei den Konzernsteuerquoten bei 32,6 Prozent und der Durchschnitt in Europa liegt bei 29,7 Prozent. Der Grund dafür ist relativ einfach: Wenn die Mutterkapitalgesellschaft in Deutschland sitzt, die Tochterkapitalgesellschaft im europäischen Ausland oder sonst wo, können durch bestimmte Strategien Gewinne in das niedrig besteuernde Ausland verlagert werden – durch Verrechnungspreise insbesondere für immaterielle Wirtschaftsgüter, durch Finanzierungsgestaltungen, durch Zwischenschaltung von Koordinationszentren in Belgien usw. und so fort. Ich will jetzt nicht weiter auf die steuertechnischen Details eingehen. Es ist kein allzu großes Problem, durch Gewinnverlagerungen die Konzernsteuerquoten auf den internationalen Durchschnitt zu drücken. Die Anreize, Gewinne ins niedrig besteuernde Ausland zu verlagern, sind nun mal umso größer, je größer die Steuersatzdifferenzen zwischen Deutschland und dem Ausland sind. Und diese Steuersatzdifferenzen – und zwar bezogen sowohl auf die tariflichen Steuersätze als auch auf die effektiven Steuersätze – sind in den letzten Jahren größer geworden.

Die tarifliche Steuerbelastung von Kapitalgesellschaften auf Unternehmensebene hängt unter anderem vom Gewerbesteuerhebesatz ab. Aber wenn man einen bundesdurchschnittlichen Gewerbesteuerhebesatz von 428 Prozent zu Grunde legt, kommt man allein bei Kapitalgesellschaften auf eine Steuerbelastung von 39,4 Prozent. Das ist der tarifliche Steuersatz, bestehend aus Körperschaftsteuer, Gewerbesteuer und dem Solidaritätszuschlag. Die effektiven Steuersätze ergeben sich, indem man nicht nur die tariflichen Steuersätze nimmt, sondern auch berücksichtigt, dass es in den einzelnen Ländern unterschiedliche Gewinnermittlungsvorschriften und unterschiedliche Abschreibungsbedingungen gibt – manchmal beschleunigte Abschreibungen, teilweise Sofortabschreibung, teilweise sehr lange Abschreibungsfristen. Wenn das – neben den tariflichen Steuersätzen – berücksichtigt wird, kommt man zu den so genannten effektiven Steuersätzen, die die tariflichen Steuersätze und international unterschiedliche Gewinnermittlungsvorschriften berücksichtigen. Auch da liegt Deutschland bei den effektiven Durchschnittssteuersätzen in Europa an der Spitze. Der effektive Durchschnittssteuersatz von deutschen Kapitalgesellschaften, die national tätig sind – internationale Konzerne können das, wie gesagt, herunterdrücken –, liegt bei 36 Prozent, der tarifliche Steuersatz bei 39,4 Prozent. In diese Differenz von 3,4 Prozentpunkten zeigen sich etwa die Abschreibungsvergünstigungen, die wir in Deutschland haben und die in den letzten Jahren schon zurückgenommen wurden. Tatsache ist, dass wir immer noch die höchsten effektiven Durchschnittssteuersätze in Deutschland haben. Und man kann theoretisch und empirisch zeigen, dass es die effektiven Durchschnittssteuersätze auf unternehmerische Gewinne sind – sowohl für Kapitalgesellschaften als auch für Personengesellschaften –, die relevant sind für die Standortentscheidungen von Unternehmen. Die effektiven Grenzsteuersätze sind dann relevant für die Investitionsentscheidung, nachdem die Standortentscheidung gefallen ist. Grenzsteuersätze beziehen sich auf „marginale Entscheidungen". Soll ich eine Million Euro mehr oder weniger investieren? Diese Entscheidung wird von den Grenzsteuersätzen beeinflusst. Standortentscheidungen sind diskrete Entscheidungen – Null-Eins-Entscheidungen: Entweder entscheide ich mich für den Standort Deutschland, oder ich entscheide mich gegen den Standort Deutschland. Da kommt es auf die effektiven Steuersätze, genauer: auf die effektiven Durchschnittssteuersätze an, und da liegen wir im europäischen Vergleich an der Spitze. Wir haben vor Frankreich die höchsten effektiven Durchschnittssteuersätze. Deswegen führt kein Weg daran vorbei, in Deutschland in der Tat eine grundlegende Steuerreform – allerdings bezogen auf die Unternehmenssteuern – zu realisieren, die zweierlei beinhaltet: Eine Senkung der Steuersätze für Unternehmen, gleichzeitig aber eine Vereinheitlichung der Steuerbelastung von Kapitalgesellschaften und Personengesellschaften und gleichzeitig Neutralität bei der Finanzierungsentscheidung. Das sind die Anforderungen an eine Unternehmenssteuerreform. Es ist davon auszugehen, dass am Donnerstag eine Senkung des Körperschaftsteuersatzes angekündigt wird. Die Steuerbelastung von Unternehmen muss auch reduziert werden. Das ist völlig klar. Aber wenn man isoliert den

Körperschaftsteuersatz senkt, führt das dazu, dass die Rechtsformentscheidungen noch weiter verzerrt werden, als das gegenwärtig der Fall ist.

Man muss dann auch bei den Personengesellschaften nachziehen. Da gibt es verschiedene Möglichkeiten, die alle in Deutschland schon lange diskutiert worden sind. Denken Sie an die Brühler Empfehlungen aus dem April 1999. Da wurde ein Optionsmodell diskutiert, nach dem einbehaltene Gewinne von Personengesellschaften einem begünstigten Steuersatz unterliegen. Es hat sich bei all diesen Modellen gezeigt, dass mannigfache Umgehungsmöglichkeiten bestehen, und dass ein enormer Kontrollaufwand erforderlich ist. Wie sollen denn die einbehaltenen Gewinne verwendet werden? Werden diese auch begünstigt, wenn sie im Ausland investiert werden oder nur begünstigt, wenn sie im Inland investiert werden? Wie sind Einlagen und Entnahmen zu regeln usw. und so fort? Deshalb mein Plädoyer: Wir brauchen in Deutschland in der Tat eine grundlegende Reform der Unternehmensbesteuerung, mit einer erheblichen Senkung der Steuerbelastung einschließlich Gewerbesteuer, solange sie noch besteht. Aber dies muss eingebettet sein in eine gleichzeitige Stärkung der Neutralitätseigenschaften der Unternehmensbesteuerung. Eine isolierte Senkung des Körperschaftsteuersatzes würde die Verzerrungen bei der Rechtsformwahl und den Finanzierungsentscheidungen weiter vergrößern.

Nur nebenbei sei angemerkt, dass die Gewerbesteuer ein völliger Fremdkörper in unserem Unternehmenssteuerrecht ist. Sie gehört abgeschafft. Darüber sind sich eigentlich alle in Wissenschaft und Politik seit 15 bis 20 Jahren einig. Es gestaltet sich allerdings außerordentlich schwierig, die Gewerbesteuer abzuschaffen. Aber inklusive Gewerbesteuer, so lange sie denn beibehalten wird, darf die Steuerbelastung von Kapitalgesellschaften und Personenunternehmen, die international mobil sind und auf Steuersatzdifferenzen reagieren können, keinesfalls über 30 Prozent hinausgehen, bestenfalls bei 25 Prozent liegen. Und das muss verbunden sein mit einer weitgehenden Rechtsformneutralität, so dass in der Tat Personengesellschaften und Kapitalgesellschaften steuerlich gleich behandelt werden.

Die Frage der Rechtsformwahl kann dann von anderen Gesichtspunkten, etwa Haftungsaspekten, beeinflusst werden, nicht aber vom Steuerrecht.

Um eine solche Steuerreform zu implementieren, hatte der Sachverständigenrat vor zwei Jahren in seinem Jahresgutachten relativ ausführlich die Grundzüge einer Unternehmenssteuerreform skizziert. Wir sind jetzt von der Bundesregierung damit beauftragt worden, die Details dieser Reform auszuarbeiten. An der Sache wird gearbeitet. Der Punkt ist, dass steuerpolitische Schnellschüsse eigentlich nicht das richtige Vorgehen sind. Sie senken die steuerliche Belastung kurzfristig, führen aber zu zusätzlichen Verzerrungen bei der Rechtsformwahl und bei den Finanzierungsentscheidungen. Eine Unternehmenssteuerreform muss jetzt vorbereitet werden, damit sie dann gegebenenfalls 2007 implementiert werden kann. Aber eine durchdachte vernünftige Unternehmenssteuerreform dauert nun einmal ihre Zeit. Wenn man das bis Ende 2005 auf den Tisch legen, 2006 mit anderen alternativen Konzepten vergleichen und dann 2007 wirklich verbindlich einführen würde, dann wäre schon sehr viel gewonnen. Das wäre unseres Erachtens besser als irgendwelche steuerpolitischen Schnellschüsse, deren Konsequenzen in Bezug auf Rechtsformwahl, Investitionsneutralität und Finanzierungsneutralität noch nicht absehbar sind.

Nun, ich möchte noch auf einige andere Bereiche eingehen.

Auf dem Arbeitsmarkt sind wirtschaftspolitische Reformmaßnahmen eingeleitet worden. Wir haben im letzten Jahresgutachten geschrieben, dass wir die Zusammenlegung von Arbeitslosenhilfe und Sozialhilfe zum Arbeitslosengeld II in der Tat für eine der weitestreichenden Arbeitsmarktreform halten, die in den letzten 15 bis 20 Jahren in Deutschland eingeleitet worden ist. Andere arbeitsmarktpolitische Instrumente lassen sich wirkungsanalytisch im Moment schwerer einschätzen. Das gilt für die Minijobs. Da kommt es darauf an – dazu haben wir im Moment noch kein verlässliches Datenmaterial –, ob sie dazu führen, dass sozialversicherungspflichtige Beschäftigung verdrängt wird. Das wäre ein eher negativer Aspekt. Oder ob die Minijobs dazu führen, dass Schwarzarbeit substituiert wird, oder ob Arbeitslose in

Minijobs hineingehen. Für eine endgültige Beurteilung muss man abwarten. Deshalb sollte über die Minijobs gegenwärtig der Stab noch nicht gebrochen werden. Zu den eingeleiteten Maßnahmen müssen aber in jedem Fall weitere hinzukommen.

Es ist völlig richtig, dass viele der Maßnahmen, die jetzt in den Sofortprogrammen und auch im Zehn-Punkte-Programm der Opposition vorgelegt wurden, erforderlich sind, um die Flexibilität der Arbeitsmärkte zu erhöhen. Das richtet sich – ich will da nur auf Stichworte eingehen – auf das so genannte Günstigkeitsprinzip, d.h. § 4 Abs. 3 Tarifvertragsgesetz, auf § 77 Abs. 3 Betriebsverfassungsgesetz und weitere gesetzliche Regelungen. Sie kennen das alles – oder können es ansonsten in den Jahresgutachten des Sachverständigenrates nachlesen. Das betrifft ein ganzes Bündel von Maßnahmen. Dazu gehört auch eine weitere Lockerung des Kündigungsschutzes, indem man dies mit ex ante vereinbarten Abfindungen kombiniert. Das sind alles richtige Maßnahmen. Wenn man aber wirklich in Richtung Halbierung der Arbeitslosigkeit gehen will, bin ich allerdings nicht überzeugt, dass diese Maßnahmen allein schon den Durchbruch auf dem Arbeitsmarkt bringen.

Wenn man das will, dann muss man sehr viel weiterreichende Reformen auf dem Arbeitsmarkt einleiten, und ich will das nur stichwortartig skizzieren: Dann braucht man tatsächlich einen Niedriglohnsektor. Es führt letztlich kein Weg daran vorbei, denn Arbeitslosigkeit in Deutschland ist überwiegend ein Problem der niedrig qualifizierten Personen – die definiert sind als Personen, die entweder keinen Schulabschluss oder keine abgeschlossene Lehre, keinen Berufsabschluss haben. Das sind die Personen, die uns am Arbeitsmarkt die großen Sorgen machen. Fast 50 Prozent der Langzeitarbeitslosen, also der Personen, die zwölf Monate oder länger arbeitslos sind, sind gering qualifizierte Personen. Sie sind die potentiellen Verlierer der Globalisierung. Wir müssen uns der Globalisierung stellen, in der Weise, die Herr Krubasik genannt hat.

Die deutschen Unternehmen produzieren ja im Niedriglohnbereich. Sie machen das nur nicht mehr in Deutschland. Sie machen das im Ausland oder, wenn sie es in Deutschland machen – vor einigen Wochen ging das Fleischerhandwerk durch die Presse –, dann wird mit niedrig qualifizierten Arbeitskräften aus der Ukraine oder aus Polen produziert, nicht mehr mit deutschen Arbeitnehmern. Wir brauchen in Deutschland einen Niedriglohnbereich, um niedrig qualifizierte Arbeitskräfte wieder in Arbeit zu bringen. Niedrig qualifizierte Arbeitskräfte verfügen definitionsgemäß über eine niedrige Arbeitsproduktivität. Damit es sich für ein Unternehmen rechnet, eine Person mit niedriger Arbeitsproduktivität einzustellen, müssen die Marktlöhne entsprechend niedrig sein, sonst stimmen Kosten und Erträge einer zusätzlich eingestellten Arbeitskraft nicht überein. Die Marktlöhne fallen bei uns aber nicht auf ein so niedriges Niveau, dass niedrig qualifizierte Personen eingestellt werden.

Was ist der Grund dafür? Im Wesentlichen sind es unsere sozialen Sicherungssysteme, die eine implizite Lohnuntergrenze definieren, so dass die Marktlöhne für niedrig qualifizierte Arbeitskräfte nicht unter diese implizite Lohnuntergrenze fallen können. Es gibt eine ganze Reihe von Vorschlägen, die hier Abhilfe schaffen könnten. Die Befürchtungen, die mit einem Niedriglohnsektor in Deutschland einher gehen, sind auch klar: Zu befürchten ist eben, dass dann die Marktlöhne auf ein so niedriges Niveau fallen, dass das nicht mehr kompatibel ist mit unseren Vorstellungen von einer sozialen Marktwirtschaft, dass die Marktlöhne eventuell nicht mehr ausreichen, um eine Familie zu ernähren. Aber da gibt es eine ganze Reihe von Vorschlägen, die genau dieses Problem angehen. Der wissenschaftliche Beirat beim BMWA hat einen Vorschlag unterbreitet, das ifo-Institut mit der aktivierenden Sozialhilfe und der Sachverständigenrat ebenfalls. Das sind drei Vorschläge, die sich marginal unterscheiden, aber alle in die gleiche Richtung gehen: Wir müssen dann entsprechend die Hinzuverdienstmöglichkeiten nach Absenkung der sozialen Leistung verbessern, so dass insgesamt in der Summe von niedrigen Marktlöhnen und staatlichen Unterstützungsleistungen, die unterschiedliche Formen annehmen können – am schlechtesten wahrscheinlich Kombilöhne, am besten Hinzuverdienstmöglichkeiten –, ein genügend hohes Einkommen erzielt wird, um eben unseren Vorstellungen von einer sozialen Marktwirtschaft zu entsprechen. Das ist der Hauptpunkt, der unseres Erachtens in Deutschland in Angriff genommen werden muss, um Arbeitslosigkeit in signifikantem Umfang zu reduzieren.

Wir haben ausgerechnet, wie viele Personen dadurch aus der Arbeitslosigkeit genommen werden könnten. Wir sind auf rund 1,5 bis 1,6 Millionen Personen gekommen. Das ifo-Institut rechnet sogar mit über zwei Millionen zusätzlichen Arbeitsplätzen, die durch diese Reformen geschaffen werden können. Aber diese Reformen sind natürlich nichts für verzagte politische Geister. Es ist klar, dass solche Reformen sehr schwierig durchzusetzen sein werden, wenn man sich in Erinnerung ruft, wie groß die Proteste schon gegen Hartz IV waren. Da muss wesentlich nachgelegt werden. Wenn die Arbeitsmärkte nicht flexibilisiert werden, droht die Arbeitslosigkeit in Folge der Globalisierung weiter anzusteigen. Wir können und sollten uns der Globalisierung nicht entziehen, sondern mit ihren Konsequenzen offensiv umgehen. So ist eine Konsequenz der Globalisierung das so genante Faktorpreisausgleichstheorem: Diverse Faktorpreise kommen langfristig zum Ausgleich – nicht innerhalb von zwei oder drei Jahren. Beim Preis für den Faktor Arbeit wird das vielleicht ein oder zwei Generationen dauern. Aber man kann gegen ökonomische Gesetze keine Politik machen. Versucht man es trotzdem, hat dies letztlich zur Folge, dass die Arbeitslosigkeit noch weiter ansteigen wird. Deshalb sind Lohnsenkungen besonders im Niedriglohnbereich in Deutschland letztlich unvermeidlich. Es kommt dann darauf an, dies mit Lohnergänzungsmaßnahmen zu kombinieren, um einen Niedriglohnsektor mit einer sozialen Marktwirtschaft zu vereinbaren. Der Sachverständigenrat hat dazu in seinem Jahresgutachten „Zwanzig Punkte für Beschäftigung und Wachstum" entsprechende Vorschläge vorgelegt.

Ich will zum Schluss einige andere Bereiche nur skizzieren, wo weitere Reformen erforderlich sind, wo aber auch schon Reformen eingeleitet worden sind. Das ist in den sozialen Sicherungssystemen: In der gesetzlichen Rentenversicherung sind Reformen eingeleitet worden. Die ‚Riester-Rente' war der erste Schritt. Der Einbau des Nachhaltigkeitsfaktors in die Rentenanpassungsformel ist auch ein weitreichender Schritt. Klar, den hätte man früher haben können. Das ist nämlich letztlich nichts anderes als der Demographiefaktor, den Norbert Blüm schon einbauen wollte und den die rot-grüne Regierung wieder rückgängig gemacht hat. Wir haben den Einstieg in die nachgelagerte Besteuerung bei den gesetzlichen Altersrenten, was durch das Urteil des

Bundesverfassungsgerichtes notwendig geworden ist, was aber auch ökonomisch sinnvoll ist. In der gesetzlichen Rentenversicherung ist damit der Spielraum für weitere Reformen bis auf eine Maßnahme weitgehend ausgelotet. Und diese eine Stellschraube, die wir noch im Rahmen der gesetzlichen Rentenversicherung haben, ist die Heraufsetzung des gesetzlichen Renteneintrittsalters. Wir werden nicht umhin kommen, das gesetzliche Renteneintrittsalter heraufzusetzen von gegenwärtig 65 auf etwa 67 Jahre bis zum Jahr 2030. Im Hinblick auf die Entlastung der gesetzlichen Rentenkassen ist die Heraufsetzung des gesetzlichen Renteneintrittsalters wesentlich wichtiger als die Heranführung des effektiven Renteneintrittsalters von gegenwärtig etwa 62,5 auf das gesetzliche Renteneintrittsalter von 65 Jahren.

Auch im Gesundheitssystem bei der Gesetzlichen Krankenversicherung sind mit dem Gesundheitsmodernisierungsgesetz Maßnahmen eingeleitet worden. Die gesetzlichen Krankenkassen haben Überschüsse von etwa vier Milliarden Euro realisiert. Da geht es im Moment darum, ob das jetzt in Beitragssatzsenkungen oder in die Schuldentilgung eingeht. Aber Schuldentilgungen sind natürlich nur Beitragssatzsenkungen in der Zukunft. Die Gesundheitsreform hat gewirkt. Sie muss jetzt bloß durch Maßnahmen auf der Finanzierungsseite der gesetzlichen Krankenversicherung ergänzt werden. Das hängt mit der demographischen Entwicklung zusammen: Die Gesundheitsausgaben in Deutschland werden bis zum Jahr 2030 und dann bis zum Jahr 2050 erheblich ansteigen. Wir haben das im letzten Jahresgutachten einmal ausgerechnet. So lange dann die Beiträge zur Finanzierung der steigenden Gesundheitsausgaben an die Arbeitskosten gekoppelt sind, werden natürlich auch die Arbeitskosten parallel zu den steigenden Gesundheitsausgaben ansteigen. Deshalb ist es die Hauptaufgabe einer Reform im Rahmen der gesetzlichen Krankenversicherung, die Beiträge von den Arbeitskosten zu entkoppeln.

Da gibt es unterschiedliche Vorschläge. Sie kennen das: Die SPD, jedenfalls die Nahles-Kommission, marschiert in Richtung Bürgerversicherung. Dort wird dann die Beitragsbelastung vom Faktor Arbeit zum Teil auf den Faktor Kapital verlagert. Der Faktor Kapital ist jetzt schon hoch genug besteuert und belastet. Deswegen wäre das unseres

Erachtens der falsche Weg. Der bessere Weg ist der Vorschlag, den die Herzog-Kommission, die Rürup-Kommission und auch der Sachverständigenrat aufgezeigt haben. Das ist der Weg einer Bürgerpauschale, kombiniert mit einem sozialen Ausgleich. Das ist unter Beschäftigungs- und Wachstumsgesichtspunkten, unter Standortgesichtspunkten, der richtige Weg, um die Krankenversicherung auf der Finanzierungsseite zu reformieren.

Ähnliches gilt für die Pflegeversicherung: Die Pflegeversicherungen gibt es seit zehn Jahren. Bei ihr ist im Gegensatz zu den anderen Systemen der sozialen Sicherung jetzt noch ein Ausstieg aus dem Umlageverfahren möglich, ohne dass die Staatsverschuldung zur Finanzierung des Übergangs vom Umlage- zum Kapitaldeckungsverfahren explodieren würde. Damit bin ich bei einem weiteren Punkt, der auf der Reformagenda stehen muss: Das ist die Tatsache, dass unsere öffentlichen Haushalte konsolidiert werden müssen.

Wir müssen, wenn wir mehr Wachstum erreichen wollen, die Staatsverschuldung reduzieren, nicht erhöhen. Es wird oft von der Politik gesagt, wir müssten den Stabilitäts- und Wachstumspakt lockern, denn er heißt auch Wachstumspakt; deswegen müssten wir über eine höhere Verschuldung für mehr Wachstum sorgen. Genau falsch herum: Wenn man mehr Wachstum haben will, muss die langfristige Verschuldung sinken, nicht steigen. Man kann durch eine zusätzliche Staatsverschuldung möglicherweise einen konjunkturellen Impuls hervorrufen. Aber man kann durch zusätzliche Staatsverschuldung nie mehr Wachstum im Sinne von Potenzialwachstum erzeugen. Deshalb sehe ich mit sehr großer Sorge die gegenwärtigen Bemühungen um die Lockerung, um die Aufweichung des europäischen Stabilitäts- und Wachstumspaktes. Wenn das durchkommt, was gegenwärtig diskutiert wird, dass so genannte länderspezifische Faktoren berücksichtigt werden, entweder bei der Einleitung oder im Laufe des Defizitverfahrens, dann ist der Stabilitätspakt letztlich das Papier nicht mehr wert, auf dem er steht. Dann würden wir wahrscheinlich in das alte Verschuldungsverhalten in Europa zurückfallen, was der Lissabon-Strategie definitiv entgegenlaufen würde.

Der letzte Punkt: Bildungspolitik ist schon angesprochen worden. Ich will daher nicht mehr ausführlich darauf eingehen. Wir müssen in der Bildungspolitik sicherlich auch umdenken. Wir müssen den Elementarbereich, also den vorschulischen Bereich, in Deutschland stärker fördern. Im Hochschul- und Fachhochschulbereich sind auch vielfältige Maßnahmen erforderlich. Wir werden um Studiengebühren selbstverständlich nicht herum kommen. Sie sind auch ökonomisch sinnvoll, sofern sie von einem Studienkreditprogramm begleitet werden, so dass niemand von einem Studium ausgeschlossen wird, der aus einem sozial schwächeren Haushalt kommt.

Der allerletzte Punkt ist mir persönlich sehr wichtig: Wir müssen in Deutschland wegkommen von einem wirtschaftspolitischen Aktionismus. Wir müssen wegkommen davon, dass die „Bild"-Zeitung die wirtschaftspolitischen Themen in Deutschland vorgibt. Wir sollten etwas mehr Gelassenheit und etwas mehr Besonnenheit bei der wirtschaftspolitischen Reformagenda an den Tag legen. Wir brauchen mehr Wachstum, wir brauchen mehr Beschäftigung. Aber das sind alles nur langfristige Aspekte. Kurzfristige Maßnahmen helfen nicht, um die langfristige strukturelle Arbeitslosigkeit zu reduzieren oder das ökonomische Wachstum zu erhöhen. Da braucht man schon einen etwas längeren Atem. Wichtig ist dabei, dass diese Reformagenda klar definiert wird, mit einem klaren Zeitpfad. Von einem wirtschaftspolitischen Aktionismus, wie er sich möglicherweise diese Woche abzeichnet, halte ich persönlich nicht allzu viel.

DOMINIK GEPPERT

Englische Medizin gegen deutsche Reformschwäche?

Wenn man die Reformdebatten, die momentan in Deutschland stattfinden, aus britischer Sicht kommentieren möchte, hört man nicht selten den Einwand: Warum ausgerechnet Großbritannien? Wenn man über die britischen Erfahrungen mit vergleichbaren Reformvorhaben berichten will, wie ich das im Folgenden tun werde, wird oft gefragt: Wieso sollte die britische Sicht interessanter oder relevanter sein als etwa die schwedischen, niederländischen oder neuseeländischen Erfahrungen? Drei mögliche Antworten bieten sich an: Erstens ist es auffällig, wie oft in den vergangenen Monaten und Jahren in Deutschland das britische Beispiel bemüht worden ist, wie oft zum Beispiel der Name „Thatcher", der Begriff „Thatcherismus" genannt wurden – teils hoffnungsvoll, teils mit Abscheu.[1] Zweitens stellt Großbritannien in mancher Hinsicht einen passenderen Vergleichsfall für Deutschland dar als die viel kleineren Länder Neuseeland, Schweden und die Niederlande. Diese hatten wegen der geringeren Größe ihrer politischen Elite und ihrer Interessengruppen vielfach einfachere Entscheidungsprozesse; sie waren in mancher Hinsicht flexibler als wir oder die Briten, mussten es auch sein, weil der weltwirtschaftliche Wandel sie unmittelbarer traf als größere Volkswirtschaften.

Drittens ähnelt Deutschlands Situation heute in vielem der Lage, in der sich Großbritannien vor 25 Jahren befand. Die Struktur der politisch-ökonomischen Zwillingskrise in Deutschland ähnelt der Krisenlage in Großbritannien Ende der 1970er Jahre. Vor 30 Jahren stapelten sich in britischen Buchläden Publikationen mit apokalyptischen Titeln wie „The Death of British Democracy", „The Future That Doesn't Work", „What's Wrong With Britain?" oder „Is Britain Dying?". Seit einiger Zeit haben in Deutschland Bücher und Aufsätze mit ähnlichen Überschriften Konjunktur:

„Die deformierte Gesellschaft", „Sind die Deutschen noch zu retten?", „Scheitert Deutschland?", „Der deutsche Niedergang", „Abstieg eines Superstars". Das Schlagwort von der „britischen" respektive der „deutschen Krankheit" tauchte auf. Im britischen Fall bezog es sich zunächst lediglich auf die chronisch schlechten Beziehungen zwischen britischen Arbeitgebern und Arbeitnehmern, auf wilde Streiks, Bummelei und häufiges Krankfeiern. Seit Mitte der 1970er Jahre fasste man in einem weiteren Sinne alle Schwierigkeiten der britischen Wirtschaft unter der Bezeichnung zusammen. Gegen Ende des Jahrzehnts weitete sich die Bedeutung des Begriffs über den ökonomischen Bereich hinaus aus und bezog auch die politischen Schwierigkeiten des Landes ein.

Heute scheint Großbritannien diese Schwierigkeiten hinter sich gelassen zu haben. Im Frühjahr 2005 spielten wirtschaftliche Themen zum ersten Mal seit Menschengedenken bei den Unterhauswahlen nicht die Hauptrolle. Weder Arbeitslosigkeit noch Inflation, weder die Rolle der Gewerkschaften noch das Steuersystem stellten aus Sicht der britischen Wählerschaft drängende Probleme dar.[2] Das Land erlebt momentan eine der längsten Phasen anhaltenden Wirtschaftswachstums seit dem 19. Jahrhundert. Ganz gleich auf welche ökonomischen Parameter man blickt (die Arbeitslosenrate, das Wirtschaftswachstum, das Bruttosozialprodukt pro Kopf), die britischen Daten sehen ungleich erfreulicher aus als die deutschen.[3]

Wenn man die Frage beantworten will, was wir in Deutschland von der britischen Entwicklung lernen können, ob es eine englische Medizin gegen die deutsche Reformschwäche gibt, muss man allerdings zuerst eine andere Frage stellen: Welche Diagnosen stehen überhaupt zur Diskussion? Welche Begründungen werden angeboten, um die gegenläufige Entwicklung in England und Deutschland während der zurückliegenden 30 Jahre zu erklären? Im Folgenden werden zunächst die Erklärungsmuster vorgestellt, die man in Großbritannien am häufigsten hört, wenn es um diese Fragen geht. In einem zweiten Schritt gilt es dann zu ergründen, welche praktischen Folgerungen sich daraus für unsere heutige Situation in Deutschland ergeben könnten.

Im Hinblick auf die Diagnosevorschläge oder Erklärungsmuster gibt es vier verschiedene Interpretationsansätze, die sich nicht immer ausschließen, zum Teil überlappen und ergänzen, die man aber zu Zwekken der Analyse voneinander unterscheiden sollte:

(1.) Die Wiedervereinigung ist schuld.

(2.) Das Wirtschafts- und Sozialsystem der alten Bundesrepublik ist schuld.

(3.) Die deutsche Verfassungsordnung ist schuld.

(4.) Der Euro ist schuld.

(1.) Wenige Briten zweifeln daran, dass die deutsche Wiedervereinigung auf eine Weise zustande kam, die für maximalen ökonomischen Schaden sorgte. Indem die Regierung Kohl die Lohnstruktur und das Wohlfahrtssystem der alten Bundesrepublik weitgehend auf die ehemalige DDR ausweitete, belastete sie den Westteil Deutschlands mit riesigen Transferzahlungen und verdammte den Ostteil zu einer hoffnungslosen Wettbewerbssituation, weil die Lohnentwicklung in den neuen Bundesländern der Entwicklung der Produktivität weit vorauseilte. Auf diese Weise schuf man im Dienste der grundgesetzlich geforderten „Gleichartigkeit der Lebensverhältnisse" das Gegenteil davon: ein dauerhaftes regionales Ungleichgewicht, die Fortschreibung der deutschen Spaltung und ein Massenheer von Arbeitslosen (die Arbeitslosenquote in Ostdeutschland betrug 2004 durchschnittlich 18,4 Prozent, in Westdeutschland 8,5 Prozent). In Großbritannien konstatiert man diese Sachverhalte manchmal mit einer gewissen Genugtuung oder sogar Schadenfreude. Denn Anfang der 1990er Jahre hatten nicht wenige in England befürchtet, infolge der deutschen Einheit werde ein wirtschaftlich und politisch übermächtiges Deutschland entstehen, das zum europäischen Hegemon aufzusteigen drohte. Außerdem hatte die Hochzinspolitik der Bundesbank zu dieser Zeit erheblich dazu beigetragen, die britische Rezession zu verschärfen.[4]

(2.) Das deutsche Wirtschafts- und Sozialsystem, das den Briten lange Zeit vorbildhaft erschien, gilt heute als Auslaufmodell. Deutschland, so schrieb die britische Times vor einiger Zeit nicht ohne Häme, habe jetzt viele Kennzeichen des kranken Mannes Europas und zeige einige Symptome, die die Deutschen einst verächtlich als „die englische Krankheit" bezeichnet hätten: „niedriges Wachstum, Streiks und ein inflexibler Arbeitsmarkt".[5] Im Kern ist diese Analyse richtig. Was einst als „die englische Krankheit" bekannt war, hat heute Deutschland befallen. Es geht in beiden Fällen um die Erosion vormals erfolgreicher politischer, wirtschaftlicher und gesellschaftlicher Ordnungsmodelle und die Frage, was an ihre Stelle treten soll.[6]

Ich verzichte darauf, diese Ordnungsmodelle im Einzelnen zu beschreiben, auf die Unterschiede zwischen der britischen und der westdeutschen Variante der Nachkriegsordnung einzugehen. Für das Argument ist zweierlei wichtig: erstens, dass diese Nachkriegsordnung in ihren wesentlichen Zügen in beiden Ländern identisch war. Ein entwickelter Sozialstaat, eine aktive Rolle des Staates auf der mikro-ökonomischen Ebene (sei es über Subventionen oder in Form verstaatlichter Industriezweige), starke Massengewerkschaften und eine mehr oder weniger institutionalisierte Kooperation von Politik und Gewerkschaften bildeten die Grundbausteine dieser Nachkriegsordnung. Ihre Prämisse war das Vertrauen auf stetig zunehmende soziale Sicherheit und weiter wachsenden Wohlstand. Momentan erleben wir in Deutschland die Erosion dieser Prämisse. Großbritannien – und das ist der zweite Punkt, der für das Argument wichtig ist – hat einen derartigen Erosionsprozess schon vor 30 Jahren durchgemacht. Dort schwanden schon in den 1970er Jahren die Grundlagen, auf denen die Gesellschaft der Nachkriegszeit beruhte. Überkommene wirtschaftspolitische Instrumente erwiesen sich als unbrauchbar. Der Wohlfahrtsstaat lastete als immer schwerere Bürde auf der Volkswirtschaft. Die einvernehmliche Konfliktbewältigung wichtiger Interessengruppen stieß in Zeiten des Mangels an ihre Grenzen.

Das Ergebnis dieses Erosionsprozesses war die radikale Reformpolitik Margaret Thatchers: die Beschneidung der Macht der Gewerkschaften und damit verbunden eine drastische Umstrukturierung der britischen Wirtschaft, eine durchgreifende Reform des Steuersystems mit einer deutlichen Senkung der Einkommensteuersätze für die Spitzenverdiener, aber auch für breite Teile der Mittelschichten, und schließlich eine Reform des öffentlichen Dienstes, die auf eine erhebliche Verkleinerung des Aufgabenbereichs des Staates zielte. Diese Politik war nur möglich vor dem Hintergrund einer fundamental veränderten Wahrnehmung, eines geschärften, ja alarmierten Krisenbewusstseins vieler Briten.

Auch hier gibt es eine parallele Entwicklung in Deutschland. Die Inkubationszeit, wenn Sie so wollen, dauerte zehn bis 15 Jahre. Das Krisenbewusstsein verschärfte sich in Schüben. In Großbritannien begann es Anfang der 1960er Jahre mit dem Katzenjammer der Dekolonialisierung und der Enttäuschung über de Gaulles Veto gegen den britischen EWG-Beitritt. Das Unbehagen wurde zwischenzeitlich überlagert von der Aufbruchstimmung der *Swinging Sixties* – von den Beatles und Rolling Stones bis zu Carnaby Street und Minirock. Aber im Verlauf der 1970er Jahre wuchsen sich die beginnenden Selbstzweifel zu einer regelrechten Depression aus. Nicht mehr nur eine Handvoll Intellektueller machte sich Sorgen um die Zukunft des Landes, sondern eine weitaus größere Gruppe in Politik, Medien und Wirtschaft. Der Tonfall der Klagen wurde schriller. Die Prognosen klangen apokalyptischer, die Ursachenforschung ratloser.

Die Entwicklung der öffentlichen Meinung in Deutschland ist einem ähnlichen Muster gefolgt. Erste Diskussionen in den 1980er Jahren wurden überlagert von den Freuden und Problemen der Wiedervereinigung. Mitte der 1990er Jahre wurde die Unlust an der schier ewigen Dauer der Kohl-Ära verdrängt von der Aufregung über den Regierungswechsel 1998 und dem Aktienboom der *New Economy*. Erstaunlicherweise gelang es den Parteien auch noch im Wahlkampf 2002, unangenehme Fragen weitgehend auszuklammern. Es sei, konstatierte ein amerikanischer Publizist, als habe man den Deutschen Valium ins Trinkwasser gemischt.[7] Erst seit dem Herbst 2002 hat sich der Unmut wirklich Bahn gebrochen. Die Klagen klingen seither schriller, eindringlicher. Wie in Großbritannien weitete sich die Fehlerdiskussion von der Wirtschaftskrise auf den politischen Bereich aus. Das war in Großbritannien der entscheidende Unterschied zwischen den 1960er und 1970er Jahren, und das ist heute der entscheidende Unterschied zwischen der Standortdebatte der späten Kohl-Ära und den gegenwärtigen Diskussionen, die das Grundgesetz nicht länger ausklammern.

(3.) Damit sind wir beim dritten Punkt: der Verfassungsordnung in Deutschland und Großbritannien. Es steht außer Frage, dass eine radikale, ja brutale Reformpolitik, wie Thatcher sie durchsetzte, unter den Bedingungen unseres politischen Systems sehr schwierig, wenn nicht unmöglich wäre. In Großbritannien ist der Regierungschef mit derart weit reichenden Kompetenzen ausgestattet, dass manche Politikwissenschaftler von einer „gewählten Diktatur" (*elective dictatorship*) sprechen. Eine geschriebene Verfassung existiert nicht. Meist reichen deutlich weniger als 50 Prozent der Wählerstimmen aus, um einem Premierminister das Instrumentarium zu weitreichendem Wandel in die Hand zu geben. Tony Blairs *Labour Party* hält heute trotz der herben Enttäuschung in den Unterhauswahlen vom Mai 2005 mit 35,2 Prozent der Stimmen 356 von 645 Sitzen im Unterhaus. Das *House of Lords* besitzt nur ein begrenztes Vetorecht, das Gesetzesvorlagen des Unterhauses für längstens ein Jahr aufschieben, aber nicht vereiteln kann. Im Ergebnis produziert die Westminsterdemokratie in der Regel klare Mehrheitsverhältnisse, ermöglicht radikalen Richtungswandel und prämiert Politiker mit der Fähigkeit zur Konfrontation.

Das politische System der Bundesrepublik funktioniert anders. Es wurde nicht zuletzt als Reaktion auf die katastrophalen Folgen der Hitler-Diktatur konzipiert. Sein Konstruktionsprinzip ist eher die Verhinderung als die Ermöglichung von Konfrontation und radikalem Wandel. Die schwache Stellung des Bundespräsidenten, der Bundesrat als Gegengewicht zum Bundestag, das Verhältniswahlrecht, in dem die Zweitstimme für die Partei wichtiger ist als die Erststimme für den Direktkandidaten – all das ist nicht zuletzt auf den Wunsch des Parlamentarischen Rats zurückzuführen, eine Wiederholung des Führerstaates zu verhindern. Als Konsequenz sind deutsche Politiker heute stärker als beinahe alle ihre Kollegen sonstwo auf der Welt zu reformerischem Stückwerk und politischem Kuhhandel gezwungen. Die deutsche Verhandlungsdemokratie belohnt nicht den großen Wurf, die durchgreifende Reform oder die Umsetzung der reinen ordnungspolitischen Lehre. Erfolg versprechen vielmehr der kluge Kompromiss, die Einigung auf dem kleinsten gemeinsamen Nenner, das Schmieden möglichst weit gefasster Bündnisse zum Zwecke größtmöglicher Stabilität.[8]

Die politische Ordnung Großbritanniens hat die Krise der 1970er Jahre nicht zuletzt deswegen überstanden, weil Thatcher der britischen Wirtschaft und Gesellschaft eine Radikalkur verordnet hat. Sie propagierte die sozio-ökonomische Revolution, um die Verfassungsordnung zu bewahren. Anders als die Briten haben wir Deutschen uns in der Vergangenheit nicht sehr geschickt angestellt, wenn es darum ging, wirtschaftlichen und gesellschaftlichen Wandel in politischer Stabilität zu bewerkstelligen. Weder vor 1914/18 noch vor 1933 oder 1989 in der DDR zeigten sich deutsche politische Eliten den innen- und wirtschaftspolitischen Problemlagen gewachsen, die sich vor ihnen auftürmten. Unsere Geschichte ist anders als die britische nicht durch politische Kontinuität und gesellschaftlichen Wandel, sondern eher durch die Langlebigkeit sozialer Formationen und ökonomischer Arrangements über politische Umbrüche hinweg gekennzeichnet. Man denke nur an die älteste deutsche Partei, die SPD, die im Sommer ihren 142. Geburtstag feiert und seit ihrer Entstehung fünf Systemwechsel überlebt hat. Der deutsche Korporatismus und das deutsche Verbändewesen, um ein anderes Beispiel anzuführen, entstanden im Kaiserreich, prosperierten in der Weimarer Republik, überlebten totalitär überformt den Nationalsozialismus und drückten auch der sozialen Marktwirtschaft der Bundesrepublik ihren Stempel auf.

(4.) Der Verweis auf die Kosten der Wiedervereinigung, das Wirtschafts- und Sozialsystem der alten Bundesrepublik sowie die deutsche Verfassungsordnung bilden sozusagen das Fundament der herrschenden Lehre zur deutschen Malaise. Es gibt aber auch eine interessante Außenseitermeinung, die gerade in den letzten Wochen immer vernehmlicher wurde. Diese Außenseitermeinung betont die Wettbewerbsfähigkeit deutscher Unternehmen auf dem Weltmarkt und die Stärke der deutschen Exporte, die in den zurückliegenden drei Jahren dreimal schneller gewachsen sind als die amerikanischen, ermöglicht durch im internationalen Vergleich überdurchschnittliche Produktivitätssteigerungen und unterdurchschnittliche Lohnzuwächse.[9] Einige Vertreter dieser Außenseitermeinung heben außerdem hervor, dass die unterschiedlichen Entwicklungen bei der Arbeitslosigkeit und beim Wirtschaftswachstum in Deutschland und England erst Anfang, Mitte der 1990er Jahre einsetzten – also zeitgleich mit dem Maastricht-Vertrag und der Vorbereitung der Europäischen

Währungsunion. Damit kommen wir zum vierten Punkt: dem Euro. Euroskeptische Kommentatoren in Großbritannien haben immer wieder herausgestrichen, wie sehr der Euro der deutschen Wirtschaft geschadet habe: Die D-Mark sei zu einem unrealistischen Wechselkurs in die Währungsunion eingetreten, was deutsche Produkte auf dem Weltmarkt teurer gemacht habe. Der einheitliche Zinssatz für den Euroraum sei zu hoch für Deutschland und treibe das Land in die Deflation. Die Verschuldungskriterien des Stabilitätspakts zwängen die Bundesregierung, trotz drohender Rezession die Staatsausgaben zu senken.[10]

Im Vergleich dazu wird die britische Währungspolitik der vergangenen zehn, 12 Jahre allgemein als Erfolgsgeschichte gesehen. Nach jahrzehntelangen Sterlingkrisen und insbesondere nach dem demütigenden Ausscheiden des Pfundes aus dem Europäischen Währungssystem (EWS) am „Schwarzen Mittwoch" des 16. September 1992 hat die britische Regierung unter Thatchers Nachfolger John Major einen einschneidenden Kurswechsel vorgenommen: Zum ersten Mal seit dem Ersten Weltkrieg räumte man nicht der Verteidigung des Pfundkurses Priorität ein, sondern stellte die Geldpolitik in den Dienst der binnenwirtschaftlichen Entwicklung. Die Labour-Regierung hat diese Politik nach 1997 fortgesetzt und ihr mit der Entlassung der *Bank of England* in die Unabhängigkeit eine zusätzliche eigene Note verliehen. Auf diese Weise endete der jahrzehntelange Streit zwischen britischen Keynesianern und Monetaristen mit einem Kompromiss: Die Keynesianer akzeptierten, dass im Regelfall die Geldpolitik besser geeignet sei, die Binnennachfrage zu steuern, als Steuern oder Staatsausgaben. Sie fanden sich außerdem damit ab, dass die täglichen Entscheidungen auf diesem Feld der Regierung entzogen und an eine unabhängige Zentralbank übertragen wurden. Umgekehrt gab die Gegenseite zu, dass der dogmatische Monetarismus der 1980er Jahre gescheitert war. Die Monetaristen rückten von dem Gedanken ab, die Zinspolitik nur auf eine einzige Zielgröße auszurichten: sei es die Geldmenge, wie in der Anfangszeit der Thatcher-Ära, oder den Wechselkurs, wie Ende der 1980er, Anfang der 1990er Jahre. Stattdessen, so lautet der neue makro-ökonomische Konsens in Großbritannien, geht es im Interesse der wirtschaftlichen Prosperität darum, eine Mischung von Zielen im Auge zu behalten: stabile Preise, die Arbeitslosenrate und ein langfristiges, nachhaltiges Wirtschaftswachstum.

Die übrigen Europäer und vor allem die Deutschen täten gut daran, so hat kürzlich der führende Wirtschaftskommentator der *Times* argumentiert, sich dieses Modell als Beispiel zu nehmen.[11] Was immer man für oder gegen diesen Vorschlag vorbringen mag, es ist eine interessante Beobachtung, dass wir möglicherweise gerade die falschen Lehren aus dem Thatcher-Projekt ziehen: Während die erfolgreichen mikroökonomischen Reformen – insbesondere die Flexibilisierung der Arbeitsmärkte – oft immer noch verteufelt werden, laufen wir vielleicht Gefahr, die Fehler der makro-ökonomischen Politik der Thatcher-Jahre auf europäischer Ebene zu wiederholen.

Was bedeutet all das konkret? Was können wir in Deutschland vom britischen Weg lernen?

Erstens die beschleunigte Umstrukturierung der Wirtschaft: Stichworte sind hier drastische Subventionskürzungen und die Aushebelung der Vetomacht der Gewerkschaften. Rentabilität und Produktivität der britischen Wirtschaft hatten in der Vor-Thatcher-Zeit chronisch düster ausgesehen. In den 1970er Jahren waren die Produktivitätszuwächse in Großbritannien mit 0,6 Prozent so schlecht gewesen wie in keinem anderen der damaligen G7-Staaten. In den 1980er Jahren rückte das Vereinigte Königreich auf den dritten Platz vor, hinter Japan und Frankreich. In keinem großen Industrieland außer Japan wurde in diesem Zeitraum so stark investiert. Neue Firmen wurden gegründet. Etablierte Unternehmen expandierten. Mehr als 3,3 Millionen neue Arbeitsplätze wurden zwischen März 1983 und März 1990 geschaffen. In der gesamten Dekade nach 1979 wuchs die Zahl der Beschäftigten sogar um mehr als vier Millionen, von 22,5 auf 26,9 Millionen. Die Zahl der Beschäftigten in der Fertigungsindustrie hingegen ging weiter zurück. Schon zwischen 1966 und 1979 war sie um 15 Prozent gesunken. Im folgenden Jahrzehnt beschleunigte sich der Prozess und weitere 42 Prozent der Stellen verschwanden. Hatte die Fertigungsindustrie 1979 noch 26 Prozent zum Bruttosozialprodukt beigetragen, so waren es 1990 nur noch 20 Prozent. Mitte der 1980er Jahre arbeiteten fast 14 Millionen Briten im Dienstleistungssektor und 5,4 Millionen in der Industrie. Ein Jahrzehnt zuvor war das Verhältnis noch umgekehrt gewesen.

Besonders krass war der Wandel im Bergbau. Von den 230.000 Bergmännern bei Thatchers Amtsantritt gingen bei ihrem Rücktritt 1990 nur noch 38.000 unter Tage.

Zweitens Arbeitsmarkt: Die Arbeitslosenrate in Großbritannien ist heute so niedrig wie zuletzt in den späten 1970er Jahren. Sie beruht im Kern immer noch auf Thatchers marktradikalen Reformen. Britische Löhne sind vergleichsweise niedrig, die Gewerkschaften geschwächt und der Kündigungsschutz im Vergleich zu Deutschland minimal. Die maximale Abgabe, die Arbeitgeber und Arbeitnehmer in Form von Steuern für die Arbeitslosen-, Kranken- und Rentenkassen abführen, beträgt gerade einmal 21,9 Prozent. Deshalb ist das weitgehend aus Steuern finanzierte Sozialwesen in Großbritannien derart dürftig, dass zwar bittere Armut vermieden wird, aber kaum Anreize bestehen, sich im sozialen Netz auszuruhen. Die Labour-Partei hat die Eckpfeiler des von Thatcher reformierten Systems nicht angerührt, sondern lediglich die Angebotsseite des Arbeitsmarkts mit Hilfe von Beschäftigungs- und Weiterbildungsprogrammen verändert. Mehr als 1,3 Millionen Haushalte kommen heute zudem in den Genuss von den Lohnsubventionen des Working Families Tax Credit, der dafür sorgt, dass auch schlecht bezahlte Arbeit mehr abwirft als die dünne Sozialhilfe.

Drittens das Steuersystem: Es war aus Thatchers Sicht ein besonders wichtiger Hebel, private Initiative und Unternehmergeist zu fördern. Ihr Schatzkanzler Nigel Lawson vereinfachte in den Jahren 1983 bis 1989 das überkommene System radikal. Seit März 1988 gab es nur noch zwei Steuersätze: einen Standardsatz von 25 Prozent und einen einzigen Satz für Besserverdienende in Höhe von 40 Prozent, von dem nicht nur die Superreichen profitierten (1979 hatte der Spitzensteuersatz bei 83 Prozent gelegen), sondern auch eine große Zahl von Briten aus der Mittelschicht. Die Einbußen, die der Staatskasse durch die Verringerung der direkten Besteuerung entstanden, wurden durch die Erhöhung von indirekten Steuern wie der Mehrwertsteuer ausgeglichen. Insofern gingen die Anreize, die für eine Mehrheit der Briten mit den Steuerreformen verbunden waren, auf Kosten des ärmsten Fünftels der Gesellschaft, das kaum Lohnsteuern zahlte, aber von den Mehrwertsteuererhöhungen hart getroffen wurde. Die neue soziale Mobilität hatte daher eine düstere Kehrseite.

Die Zahl der von Sozialhilfe Abhängigen wuchs, 1990 waren es fast sieben Millionen, 60 Prozent mehr als elf Jahre zuvor. Das Gros der britischen Bevölkerung hingegen profitierte vom Aufschwung seit 1983. Die Realeinkommen stiegen in den 1980er Jahren im Schnitt um 2,8 Prozent, während der Zuwachs im Jahrzehnt zuvor nur 0,5 Prozent betragen hatte. Hinzu kamen Erleichterungen bei der Kreditaufnahme, die dazu führten, dass die Konsumausgaben ebenfalls drastisch anstiegen.

Viertens die Reform des öffentlichen Dienstes: Ineffizienz und Überbürokratisierung waren in Thatchers Augen die beiden Grundübel eines auswuchernden Staates. Beides trug maßgeblich dazu bei, den Staat in den Augen seiner Bürger nachhaltig zu diskreditieren. Noch bedenklicher erschien ihr, dass die Freiheit des einzelnen Bürgers immer stärker beschnitten wurde, je mehr der Staat seinen Aufgabenbereich ausweitete. Thatchers Credo lautete: Der Staat kann keinen einzigen produktiven Arbeitsplatz schaffen, sondern lediglich privaten Wohlstand aufbrauchen. „Wenn wir mehr britische Kräfte in den Wohlstand schaffenden privaten Sektor lenken wollten", schrieb sie später in ihren Erinnerungen, „dann war ein Stellenabbau im öffentlichen Dienst unumgänglich."[12] Seit den frühen 1960er Jahren sei der Verwaltungsapparat stetig gewachsen, und sein Anteil am gesamten Arbeitsmarkt habe sich dementsprechend vergrößert. Im Gegensatz zum privaten Sektor zeige der öffentliche in Zeiten der Rezession eine Tendenz zum Wachstum, während die Beschäftigungszahl in Perioden des wirtschaftlichen Aufschwungs unverändert blieb. Thatcher setzte sich zum Ziel, diese Tendenz umzukehren. Bis 1983 fielen 100.000 Stellen im Staatsdienst weg. In Thatchers gesamter Amtszeit sank die Zahl der Beamten um 22,5 Prozent, von 732.000 auf 567.000. Geplant war, den eigentlichen *Civil Service* auf einen kleinen Kern einzuschmelzen, der für das Geschäft der Verwaltung in den Ministerien zuständig war. Alle anderen Aufgaben sollten in halb-private Agenturen ausgelagert werden, die außerhalb der Ministerien unter strengen Effizienz- und Kostenkontrollen verschiedenste Aufgaben wahrzunehmen hatten – von der Vergabe von Auto-Nummernschildern über die Autobahn-Aufsicht bis zum Eintreiben von Steuern.

Eine fünfte und letzte Lehre bezieht sich auf die Dauer der Krisenbewältigung: Es war eine von Thatchers grundlegenden Einsichten, dass ein technokratisch-pragmatischer Regierungsstil und die abrupten Politikwechsel, die mit ihm einhergehen, entscheidende Nachteile besitzen. Sie sorgten für Orientierungslosigkeit und Konfusion, setzten den Parteichef dem Vorwurf aus, führungsschwach und wenig weitsichtig zu sein, die Kontrolle über den Gang der Ereignisse zu verlieren, nur noch auf immer neue Krisen zu reagieren, aber nicht mehr selbstbestimmt und zielgerichtet zu handeln. Thatcher war überzeugt, dass es zur Überwindung der Krise ihrer Partei und ihres Landes notwendig war, eine für richtig gehaltene politische Strategie über einen langen Zeitraum hinweg durchzuhalten, auch wenn der eingeschlagene Kurs vorübergehend unpopulär erschien. Es ist wichtig, sich daran zu erinnern, dass die Thatcher-Ära kein kurzes Augen-zu-und-durch war, keine einmalige, geballte Kraftanstrengung, sondern elfeinhalb Jahre lang dauerte – ein langer, schmerzhafter Prozess. Allein der berühmte Bergarbeiterstreik dauerte fast auf den Tag genau ein Jahr (vom 8. März 1984 bis zum 5. März 1985), insgesamt zog sich die Auseinandersetzung mit den Gewerkschaften gut sieben Jahre hin: von 1979 bis 1986. Ähnliches gilt für die Steuerreform, die erst 1988 – neun Jahre nach Thatchers Amtsantritt – ihren Abschluss fand. Die großen Privatisierungen fanden erst ab Mitte der 1980er Jahre statt, das einzige Privatisierungsversprechen im Wahlkampfmanifest von 1979 bezog sich auf das staatliche Reisebüro Thomas Cook.

Man mag einwenden, dass in Deutschland noch lange nicht durchzusetzen ist, was für Großbritannien gut und richtig war. Daran ist viel Wahres. Unsere Traditionen sind andere, unsere Geschichte ist anders, auch unser Verständnis vom wünschenswerten Zusammenhang von Staat, Gesellschaft und Individuum unterscheidet sich von der in Großbritannien vorherrschenden Sichtweise. Vor allem aber erschwert unsere Verfassungsordnung in ihrer gegenwärtigen Form den radikalen Wandel, den Thatcher propagierte und herbeiführte. Die Frage, ob unser politisches System flexibel und krisenfest genug ist, um überlebensfähig zu sein, wird deswegen mittelfristig zur entscheidenden Variablen in der Rechnung von Deutschlands Zukunftschancen werden.

Im Übrigen wäre es jedoch falsch, Thatcher und den Thatcherismus als typisch britisch abzustempeln. George Urban, ehemals Leiter des Senders Radio Free Europe und nebenher als Redenschreiber Thatchers tätig, hat einmal auf den Gegensatz zwischen Thatchers englischem Nationalstolz und den sehr unenglischen Charaktereigenschaften hingewiesen, die sie verkörperte. England stehe für common sense, Durchwursteln und Mäßigung, für give and take, Achtung vor Minderheitsmeinungen, Misstrauen gegenüber großen Systemen und Theorien. Thatcher repräsentiere das genaue Gegenteil davon: leidenschaftliches Engagement, Perfektionismus und unbeugsame Führerschaft. Im Rückblick fand Urban, die Politikerin sei in mancher Hinsicht zu gut für Großbritannien gewesen, unbritisch, wenn man von den Talenten und Mentalitäten der Briten im späten 20. Jahrhundert ausgehe. „Sie wäre perfekt als Führerin einer sparsamen und hart arbeitenden Nation wie Japan, Deutschland, der Schweiz, Taiwan, vielleicht sogar der USA, wo ihre Vision, ihre Entschlossenheit und ihr marktradikaler Enthusiasmus dauerhafte Erfolge zeitigen würden."[13]

1 Am meisten Aufsehen erregte die Bemerkung von Bundespräsident Horst Köhler, der auf die Frage, ob Angela Merkel das Zeug habe, eine „deutsche Maggie Thatcher, eine Reform-Kanzlerin", zu werden, antwortete: „Natürlich kann eine Partei- und Fraktionsvorsitzende auch eine gute Bundeskanzlerin werden, die Deutschland aus seiner Malaise herausführt. Sie sollte Maggie Thatcher nicht kopieren, aber bei der Tiefe und der Breite der Reformpolitik durchaus an ihr Maß nehmen"; Horst Köhler: „Offen will ich sein – und notfalls unbequem". Ein Gespräch mit Hugo Müller-Vogg, Hamburg 2004.

2 Vgl. etwa Anatole Kaletsky: Apolitical Economy, in: Prospect, Mai 2005, S. 18-20.

3 Die Arbeitslosigkeit lag 2003 im Bundesdurchschnitt bei 10,5 Prozent, in Großbritannien bei 5,1 Prozent; gleichzeitig betrug das Wirtschaftswachstum in Großbritannien 2,3 Prozent, in Deutschland 0,1Prozent; auch im Hinblick auf das Bruttosozialprodukt pro Kopf überholte Großbritannien mit 27,49 US-Dollar erstmals seit Jahrzehnten den deutschen Stand von 27,06 US-Dollar; vgl. Charles Bremner: How Britain rose from its sickbed, in: The Times vom 15. Oktober 2004.

4 Vgl. David Marsh: The Most Powerful Bank: Inside Germany's Bundesbank, New York 1993; siehe auch die Erinnerungen von John Major: The Autobiography, London 1999, S. 313-328.

5 The Times vom 18. August 2002.

6 Ich habe diese Argumentation ausführlicher vorgestellt in: Dominik Geppert: Maggie Thatchers Rosskur – Ein Rezept für Deutschland, Berlin 2003.

7 Joe Klein: How Germany Was Suffocated, in: The Guardian vom 19. Juni 2002.

8 Kritisch dazu die meisten Beiträge in Mark Speich u.a.: Mehr Führung wagen. Zu einem vernachlässigten Faktor der Demokratie (= Gedanken zur Zukunft 13), Herbert-Quandt-Stiftung, Bad Homburg v. d. Höhe, Dezember 2004.

[9] So etwa The Economist vom 19. Februar 2005, S. 12, 82; Gary Duncan: 'German patient' shows signs of recovery, in: The Times vom 7. März 2005; vgl. auch Samuel Brittan: A Different View of Eurosclerosis, in: Financial Times vom 28. Februar 2003.

[10] Siehe etwa The Economist vom 7. Juni 2003, S. 44.

[11] Anatole Kaletsky: If only Europe followed our model, in: The Times vom 10. Februar 2005, S. 42.

[12] Margaret Thatcher: Downing Street No. 10. Die Erinnerungen, Düsseldorf u. a. 1993, S. 79.

[13] George Urban: Diplomacy and Disillusion at the Court of Margaret Thatcher, London 1996, S. 109.

ANKE HASSEL

Der institutionalisierte Konsens: Reformbremse oder Leitplanke?

Mir wurde die Frage übertragen, ob der in Deutschland institutionalisierte Konsens eher als Blockade oder als sinnvolle Leitplanke wirkt. Ein Blick in das Vorpapier zu diesem Kolloquium zeigt, dass die Frage eher rhetorisch gemeint ist: Die Konsensorientierung gilt heute weithin als eine wesentliche Schwäche des deutschen Regierungssystems. Konsens ist ein Synonym für Stillstand und Blockade.

Dieses Bild wurde bereits von Bundespräsident Professor Roman Herzog in seiner so genannten Ruck-Rede im Hotel Adlon 1997 beschrieben. Der Bundespräsident fragte: „Was ist los mit unserem Land?" Und er sah eine „unglaubliche mentale Depression", die auf Deutschland lastet. Diese erklärte er mit Bürokratie und Bedenkenträgerei und mit den ritualisierten Debatten, die unsere Fähigkeit lähmen, Entscheidungen treffen zu können.[1] Heute – acht Jahre später – hat sich an diesem Eindruck kaum etwas geändert.

Um das Ergebnis meines Vortrags vorweg zu nehmen. Ich stimme diesem Befund weitgehend zu:

Der Zwang der politischen Institutionen in Deutschland, wichtige Entscheidungen nicht nur mit der Opposition und darüber hinaus in Abstimmung mit dem Verfassungsgericht, der Europäischen Union und vielfach mit den Verbänden abstimmen zu müssen, hat heute eine beträchtliche Blockadewirkung bei den Bemühungen, überkommene Strukturen an neue wirtschaftliche Bedingungen anzupassen.

Die interessantere Frage ist jedoch, wie man damit umgehen soll. Hier möchte ich eine pragmatische Antwort anbieten: Da die gleichen

Blockaden, die uns an tief greifenden Reformen hindern, auch der Abschaffung dieser Konsensinstitutionen gegenüberstehen, sind radikale Forderungen zwar zuweilen verständlich, führen aber letztlich nur zu chaotischen Debatten und zur Wirkungslosigkeit.

Es bleibt uns daher nichts anderes übrig, als schrittweise die nicht funktionalen Elemente der deutschen Verhandlungsdemokratie im Prozess der politischen Anpassung an die gewaltigen ökonomischen und gesellschaftlichen Herausforderungen abzubauen. Dafür müssen wir einerseits bereits bestehende Tendenzen der Entflechtung von Entscheidungsprozessen weiter verstärken und andererseits dort, wo sich Gelegenheiten des parteienübergreifenden Konsenses eröffnen, diese stärker nutzen.

Doch zunächst möchte ich kurz daran erinnern, dass bis vor wenigen Jahren konsensorientierte Entscheidungsverfahren in Deutschland als erfolgreiche Bestandteile des Regierungssystems und sogar als besonders geeignete politische Instrumente zur Überwindung von Stillstand und Blockaden galten.

Um nur einige Beispiele zu nennen:

Der Föderalismus – die am stärksten Konsens erzwingende Institution im deutschen Regierungssystem – wurde anlässlich des vierzigsten Jahrestages des Grundgesetzes vor jetzt 15 Jahren noch als ein wichtiges Element der westdeutschen Erfolgsgeschichte gefeiert. Als vor zehn Jahren eine Verfassungskommission aus Anlass der deutschen Vereinigung das Grundgesetz überprüfte, wurde die bundesstaatliche Ordnung so gut wie ohne Änderung bestätigt.[2]

Konsensrunden waren zudem ein wesentliches politisches Instrument für die Wiedervereinigung Deutschlands. Zwischen Februar 1990 und September 1994 fanden 22 Kanzlerrunden statt, an denen neben Vertretern der Gewerkschaften sowie der Arbeitgeber- und Wirtschaftsverbände auch die Treuhandanstalt sowie verschiedene Ministerien teilnahmen.[3] Von 1995 bis 2003 wurde das Bündnis für Arbeit erst von der Regierung Helmut Kohl, dann von ihrer rot-grünen Nachfolgerregierung als ein Instrument zur Überwindung der Arbeitslosigkeit installiert.

Noch im Januar 2001 verlieh der Chef des Bundeskanzleramts Frank-Walter Steinmeier in der Zeitschrift DIE ZEIT dem Bündnis für Arbeit eine Pionierrolle für die Modernisierung der Politik. Modernes Regieren sei heute mehr Frage eines – ich zitiere – „innovativen Konsenses". Dies sei „das Ergebnis einer offen und fair ausgetragenen Auseinandersetzung um Standpunkte und Interessen".[4]

Heute spricht niemand mehr vom Bündnis für Arbeit als einem Mittel zur Modernisierung der Politik. Vielmehr sind alle konsensorientierten Institutionen vom Föderalismus bis zu breiten gesellschaftlichen Konzertierungsrunden weitgehend diskreditiert. Diese zuvor als erfolgreich angesehenen Strukturen gelten unter den Meinungsführern einer zunehmend frustrierten und politikverdrossenen Öffentlichkeit als die eigentliche Ursache der politischen Probleme in unserem Land.

Diese Einschätzung wird mittlerweile auch von den politischen Akteuren geteilt. Sie haben nicht nur im Frühjahr 2003 das Bündnis für Arbeit stillschweigend beerdigt, sondern auch im Herbst des gleichen Jahres eine Kommission zur „Modernisierung der bundesstaatlichen Ordnung" eingesetzt. Letztere hat jedoch – man könnte ironischerweise sagen mangels eines Konsenses der Beteiligten – zu keinen greifbaren Ergebnissen geführt.

Ich möchte im folgenden anhand von drei Gedankengängen die Rolle von konsensorientierten Entscheidungsprozessen zur Bewältigung der massiven ökonomischen und gesellschaftlichen Herausforderungen in Deutschland skizzieren. Der erste Gedankengang geht der Frage nach, ob Konsensentscheidungen im Zeitalter zunehmender wirtschaftlicher Internationalisierung generell als Entscheidungsverfahren obsolet geworden sind; der zweite Gedankengang beschäftigt sich mit den besonderen Eigenarten des deutschen Institutionensystems und seinen Blockadewirkungen. Drittens werde ich mögliche Wege aus der Blockade skizzieren.

Zum ersten Gedankengang: Konsensentscheidungen in wirtschaftlichen Umbruchphasen

Die Kritik an konsensorientierten Entscheidungsverfahren bezieht sich auf zwei Aspekte. Zum einen auf die Entscheidungsgeschwindigkeit. Das Argument lautet: Unter dem Druck der wirtschaftlichen Stagnation und der Internationalisierung muss die Politik schneller reagieren können, da sich die Welt um uns herum rapide ändert.

Zum anderen bezieht sich die Kritik darauf, dass in der Verhandlungsdemokratie – dieser Begriff wird im Unterschied zur Mehrheitsdemokratie benutzt, die keinen Konsens voraussetzt – einzelne Akteure mit der Verfolgung ihrer Interessen bestimmte Entscheidungen im Sinne des Gemeinwohls blockieren können. Mehrheitsentscheidungen sind nach dieser Ansicht Konsensentscheidungen insofern überlegen, als dass sie einen geringeren Zustimmungsgrad erfordern und daher einfacher zu erlangen sind. Konsensentscheidungen sind dementsprechend zunehmend ungeeignet in einer sich schnell verändernden Welt zu Antworten zu kommen.

Überspitzt gesagt: Konsensorientierte Entscheidungsverfahren sind gut für Stabilität – und unter diesen Gesichtspunkten wurden sie in der Vergangenheit auch betrachtet –, sie führen jedoch zu Stillstand in einer Zeit, in der Handlungsfähigkeit gefragt ist.

Auch wenn sich dieser Eindruck in Anbetracht der aktuellen Debatten in Deutschland aufdrängt – in dieser Allgemeinheit ist er falsch.

Deutschland ist umringt von kleinen Ländern, deren Volkswirtschaften nicht nur offener sind als unsere, sondern deren politische Systeme in ähnlicher Weise, wenn nicht noch stärker konsensorientiert sind als das unsere. Diese kleinen Länder haben traditionell ihre konsensorientierten Institutionen genutzt, um eine ständige Anpassung ihrer Wirtschaftsstrukturen an neue Bedingungen zu organisieren.[5] Und zwar nicht erst in den letzten Jahren, sondern kontinuierlich seit den 1950er und 1960er Jahren. Da ihre Volkswirtschaften einen sehr großen Außenhandelsanteil haben, waren sie schon immer von den Fluktuationen des Weltmarkts stärker abhängig als große Länder. Sie haben in der Tendenz über die Mobilisierung von Konsensentscheidungen ihre Arbeitsmärkte eher flexibel gehalten und den wirtschaftlichen Strukturwandel eher gefördert als blockiert.

Diese kleinen Verhandlungsdemokratien haben breite politische Mehrheiten organisiert, um Anpassungsprozesse voranzutreiben: in der Schweiz in Allparteienregierungen; in Österreich in großen Koalitionen; in den skandinavischen Ländern durch breite Mehrheitsregierungen mit mehr Parteien, als zur Regierungsbildung notwendig wären (zum Beispiel in Finnland), oder – wie in Schweden und Dänemark – mit Minderheitsregierungen, die sich wechselnde Mehrheiten suchen.

Diese kleinen Länder haben zudem oftmals ein hohes Maß an Abstimmungsprozessen mit den Verbänden und Tarifparteien entwickelt. Die meisten – nicht alle – unserer kleinen Nachbarländer haben in den 1980er und 1990er Jahren ähnliche Krisen durchlebt, die wir heute sozusagen zeitverzögert auch erleben. Auch wenn sich die Ursachen unterscheiden, diese Krisen äußerten sich – wie bei uns – durch ein wachsendes Verschuldungsproblem, Haushaltsdefizite bei rückläufiger Beschäftigung und steigender Arbeitslosigkeit.

In vielen dieser kleinen Konsensdemokratien wurden die Krisen mit Hilfe von sozialpartnerschaftlichen Absprachen gelöst. Das holländische Polder-Modell ist ja keineswegs das einzige und wahrscheinlich nicht einmal das erfolgreichste Beispiel dafür. Finnland hat sich vom Schock der zerfallenden Sowjetunion innerhalb kürzester Zeit durch mehrere sozialpartnerschaftliche Absprachen erholt. Auch in Irland – das man nicht zu den Verhandlungsdemokratien zählen würde – stand ein Sozialpakt mit Lohnleitlinien im Jahr 1986 am Anfang eines rasanten wirtschaftlichen Aufholprozesses. Dänemark gehörte in den 1980er Jahren genauso zu den kranken Ländern Europas wie Schweden in den 1990er Jahren. In beiden Ländern wurden weitreichende Reformen im Rahmen der bestehenden Verhandlungskulturen und Traditionen gefunden.

Nun kann man sagen, dass kleine Länder etwas anderes sind als große Länder. Wirtschaftliche Abhängigkeit von größeren Märkten und enge gesellschaftliche und politische Netzwerke helfen beim Umdenken.

Die Binnenorientierung am eigenen Lager und in eigenen Denktraditionen ist kleiner und die Wahrnehmung davon, was außerhalb passiert, ist größer. Kleinen Ländern fallen Anpassungen an neue Bedingungen prinzipiell leichter als großen.

Aber man kann auch das Gegenbeispiel anführen. In großen Ländern sind Mehrheitsentscheidungen keineswegs die Zauberformel zur Überwindung des Reformstaus. Zum Beispiel Großbritannien: Großbritannien ist nicht nur das Mutterland der Demokratie. Die Westminster-Demokratie ist zugleich weltweit das am wenigsten konsensorientierte Regierungssystem. Vor 25 Jahren war Großbritannien der kranke Mann Europas. Die britische Wirtschaft hat bereits in den 1960er Jahren rapide an Wettbewerbsfähigkeit verloren und das Land hat sich deindustrialisiert. Seit Mitte der 1960er Jahre wurden erbitterte Debatten über den wirtschaftspolitischen Kurs geführt. 1974 gab es in Großbritannien eine Regierungskrise unter dem Motto: "Who governs Britain?". Sie wurde von der Labour Partei gewonnen, die die alten wirtschaftspolitischen Konzepte weiterverfolgte und den Bergarbeitern eine Lohnerhöhung von 35 Prozent versprach.

Die Wahlniederlage von Edward Heath führte dann zum Parteivorsitz von Margaret Thatcher, die 1979 die Wende einleitete. Insgesamt hat es in der Mehrheitsdemokratie Großbritannien fast anderthalb Jahrzehnte gedauert, bis sich die Wirtschaftspolitik an die neuen Bedingungen des Landes anpasste.

Auch in Mehrheitsdemokratien erfolgen Trendwenden in der Wirtschaftspolitik nicht von heute auf morgen. Politische Machtverhältnisse und herrschende Meinungen äußern sich auch außerhalb des Regierungssystems und müssen durch politische Diskurse überwunden werden. Mehrheitsinstitutionen alleine genügen nicht.

Die wirtschaftliche Internationalisierung und die europäische Integration führen dazu, dass auch die großen Länder zu kleinen werden. Trotz der räumlichen Vergrößerung durch die Wiedervereinigung ist die relative Größe Deutschlands in der Welt in den letzten Jahren dramatisch geschrumpft. Das liegt nicht nur daran, dass wir viele politische Instrumente an die europäische Ebene abgegeben haben.

Wir werden abhängiger von der Fluktuation offener Märkte. In Europa liegt heute der Anteil der Exporte am Bruttoinlandsprodukt mittlerweile bei 35 Prozent. 1980 waren es unter 20 Prozent.

Wir werden uns auch – wie die kleinen Länder in den 1960er Jahren – dieser Abhängigkeit zunehmend bewusst. Kaum eine Reforminitiative kommt ohne den Hinweis auf die neue Konkurrenzsituation mit Ländern in Osteuropa und Asien aus. Dies ist das Fundament, auf dem in den kleinen europäischen Ländern Regierungen über Jahrzehnte Reformpolitik aufbauen konnten. Nicht als Bedrohung, sondern als realistische Einschätzung der Potenziale und Voraussetzungen für Strukturwandel.

Der zweite Gedankengang: Die deutsche Blockade

Dieser Befund sollte uns dennoch nicht beruhigen. Denn die politischen Entscheidungsverfahren in Deutschland sind in der Tat blockiert und vor allem durch ein extrem schwaches politisches Zentrum charakterisiert. Und sie sind – im Unterschied zu den meisten unserer kleinen Nachbarn – kombiniert mit einem Parteienwettbewerb, der Konsensfindung erschwert.

Auf der einen Seite finden wir eine in der Welt einmalige Zuordnung der Staatsfunktionen zwischen Bund und Ländern. Der Bund erlässt die Gesetze in fast allen wichtigen Politikfeldern und so gut wie alle Steuergesetze. Die Länder müssen sie jedoch in eigener Verantwortung und mit eigenen Mitteln vollziehen. Im Gegenzug sind dafür die Bundesregierung und ihre parlamentarische Mehrheit im Bundestag in allen wichtigen Bereichen der Gesetzgebung auf die Zustimmung der Landesregierungen im Bundesrat angewiesen.[6]

Damit wird politisches Handeln in wichtigen Bereichen der Innenpolitik von den Kompromissen zwischen den Regierungen in Bund und Ländern abhängig. Das erleben wir alltäglich.

Gleichzeitig gibt es in vielen Politikfeldern eine weitgehende Delegation von politischer Verantwortung auf die Verbände. In der Arbeitsmarkt- und Sozialpolitik liegen wesentliche Steuerungsfunktionen in der

Bundesagentur für Arbeit – einer Körperschaft des öffentlichen Rechts. Diese wird durch einen Verwaltungsrat kontrolliert, der zur Mehrheit aus Verbändevertretern besteht. In ähnlicher Weise finden sich Selbstverwaltungsgremien in der Rentenversicherung und der Gesundheitspolitik. In der Gesundheitspolitik gibt es ein kompliziertes Zusammenspiel aus Krankenkassen, kassenärztlichen Vereinigungen und dem Gesundheitsministerium. Damit sind die Politikfelder, die mit Abstand den größten Anteil am Bundeshaushalt umfassen, wie Rente, Arbeitsmarkt und Gesundheit, stark von Verbandsinteressen abhängig. Jede politische Entscheidung muss sich mit den Positionen der Verbände auseinandersetzen und diese zumindest teilweise mit ins Boot holen – und zwar weit über das normale Maß von Lobbytätigkeit hinaus.

Hinzu kommen das Bundesverfassungsgericht und die Europäische Union, die ganze Politikfelder entscheiden. Wir haben wichtige wirtschaftspolitische Instrumente, wie die Geld- und Währungs- sowie die Handels- und Wettbewerbspolitik, an die europäische Ebene abgegeben. In anderen Bereichen werden Instrumente durch Vorgaben des europäischen Rechts eingeschränkt. Der europäische Binnenmarkt und die Währungsunion haben die Wirksamkeit nationaler Politik erheblich eingeschränkt. Dies betrifft insbesondere die Bundespolitik.

Im Zusammenspiel mit Ländern, Verbänden, der EU und dem Verfassungsgericht ist damit die Bundesregierung als politischer Akteur nicht nur ausgesprochen schwach. Sie ist durch die EU-Integration noch schwächer geworden. Ihre interne Handlungsfähigkeit wird noch dazu durch das Ressortprinzip der Minister weiter eingeschränkt.

Diese verschiedenen Arenen der Verhandlungsdemokratie sind sehr eng miteinander verkoppelt.[7] Dazu zwei Beispiele:

Trotz des föderalen Aufbaus des Bundesstaates gibt sich der Staat als Einheitsstaat. Die Unterschiede in den Rechtsordnungen der Länder sind außerordentlich gering. Die Finanzverfassung verhindert, dass Unterschiede in der Wirtschaftskraft sich auf die finanzielle Ausstattung der einzelnen Länder auswirken könnten.[8] Das Grundgesetz postuliert die Einheitlichkeit der Lebensverhältnisse, die im wesentlichen auf die regionale Dimension bezogen wird.

Es gibt im Bundesstaat eine einheitsstaatliche politische Kultur. Dazu gehört, dass politische Diskussionen und die Medien im wesentlichen auf die Bundesebene konzentriert sind. Die Idee eines Bundesstaates wird kaum gelebt, da die Länder sich nur marginal voneinander unterscheiden und keine Möglichkeit haben, eigene politische Konzepte entsprechend ihrer Bedürfnisse zu wählen. Es gibt eine einheitsstaatliche Klammer um den Bundesstaat.

Das andere Beispiel ist die Verschränkung der Politikfelder untereinander. Die Systeme der sozialen Sicherung sind nicht nur für die Betroffenen zu Verschiebebahnhöfen geworden, in denen Arbeitslose vom Arbeitslosengeld in die Sozialhilfe und dann in die Rente wegen Arbeitslosigkeit verschoben werden. Auch die Modalitäten der Beitragszahlungen, Bemessungsgrenzen und steuerlichen Zuschüsse verschränken diese Systeme miteinander. Änderungen der Beitragspflicht der Arbeitslosen in die Rentenversicherungen z.B. haben so große Auswirkungen auf die Haushalte sowohl des Bundes als auch der Länder.

Diesen vielfachen Verschränkungen steht ein Parteiensystem gegenüber, das vergleichsweise polarisiert ist.[9] Seit der großen Koalition Ende der 1960er Jahre führen beide Volksparteien den politischen Wettbewerb ausschließlich als Attacke auf den politischen Gegner. Dieses Muster hat sich fortgesetzt, obwohl sich das Parteiensystem in den 1980er und 1990er Jahren stark verändert und pluralisiert hat. Trotz Koalitionsregierungen bleibt es bei der Wahl zwischen zwei großen Lagern, bei denen die FDP nur noch in Ausnahmen das Zünglein an der Waage sein kann. Breite Mehrheiten – wie in vielen Konsensdemokratien etabliert – werden von allen Akteuren vermieden. Im Nachkriegsdeutschland gab es ausschließlich Regierungskonstellationen, die auf einer minimalen Mehrheitskoalition beruhten. Freiwillige große Koalitionen zur Bewältigung großer Reformschritte sind in der deutschen Tradition fast undenkbar. Und zwar auch dann, wenn die großen Parteien in ihren Reformvorstellungen nicht weit auseinanderliegen.

Der Grund dafür sind kontinuierliche Wahlkampfsituationen in den Ländern und die damit verbundene Gefahr verlorener Landtagswahlen. Sie treiben die großen Parteien aus taktischen Gründen ständig auseinander.

Obwohl die Institutionen die Akteure zum Konsens zwingen, verweigern sich die großen Parteien so einer stärkeren konsensorientierten Haltung. Dabei wird jede Entscheidung im Bundesrat vom Parteienkonflikt überlagert. Parteienübergreifende Konsensmechanismen gibt es nicht.

Als ob das noch nicht genug Verflechtung wäre: Darüber hinaus sind die Parteien wiederum mit den Verbänden mehrfach verschränkt. Beide großen Parteien haben einen Arbeitnehmerflügel; die CDU darüber hinaus enge Verbindungen zu den Wirtschaftsverbänden. Diese Verschränkungen erzeugen zusätzlichen Druck bei der Reform von Politikfeldern, z.B. in der Gesundheits-, Arbeitsmarkt- und Sozialpolitik. Die Verbände organisieren zuweilen die Oppositionsbank im Bundesrat, wenn sie zustimmungspflichtigen Gesetzen der Regierung zum Durchbruch verhelfen wollen.

In dieser Gemengelage von hochgradig verflochtenen und eng gekoppelten Entscheidungssystemen mit polarisierten Parteien ist es eher erstaunlich, dass überhaupt noch weit reichende Gesetze zustande kommen. Es überrascht nicht, dass die im Vermittlungsausschuss gefunden Kompromisse oftmals widersprüchlich, übermäßig kompliziert und wenig praktikabel ausfallen.

Jedes umfassende Reformgesetz, wie Hartz IV oder die Gesundheitsreform, ist in dieser Konstellation der Institutionen und Akteure schon ein kleines Meisterwerk. Alle ihre Mängel sind aus den Interessenkonstellationen der beteiligten Akteure, ihren jeweiligen Positionen im Entscheidungsprozess und den fast unüberschaubaren fiskalischen Wirkungen von veränderten Zuständigkeiten unmittelbar erklärbar.

In jedem Fall wird ersichtlich, dass die Fähigkeit zum strategischen Handeln für jede Bundesregierung gering ist. Das gilt für alle Regierungen, gleich welcher Couleur und persönlicher Durchsetzungsfähigkeit an der Spitze. Selbst eine deutsche Margaret Thatcher wäre dem ausgesetzt.

Dritter Gedankengang: Wege aus der Blockade

Auch wenn der Ruf nach radikalen Lösungen manchen attraktiv erscheint: Zusätzliche Konfrontationen führen in dieser Situation nur zu weiteren ergebnislosen Debatten. Solange es keine politische Institution gibt, die einzelnen Akteuren durchgreifende Befugnisse verleiht, müssen sich alle Akteure immer wieder miteinander arrangieren.

Umfassende Reformen an den institutionellen Grundlagen des Regierungssystems sind – wie das klägliche Ende der Föderalismuskommission gezeigt hat – eher unwahrscheinlich. Die gleichen Gründe, die den Akteuren im politischen Alltag eine Einigung unmöglich machen, blockieren weitergehende institutionelle Reformen.

Dennoch gibt es sowohl Anzeichen als auch Möglichkeiten für Veränderungen:

Erstens verändern sich die Gesellschaft und die Wirtschaft schneller als die Politik. Die deutschen Unternehmen haben sich internationalisiert und sind auf den Weltmärkten stark vertreten. Sie haben sich neuen Bedingungen schon weit besser angepasst als die politischen Rahmenbedingungen. Der Arbeitsmarkt ist bereits heute in den Bereichen, die nicht von der Politik reguliert werden, flexibler als oftmals angenommen. Arbeitszeiten, Arbeitsorganisation und selbst die Lohnfindung haben sich in den letzten Jahren weitgehend an die veränderten Bedürfnisse von Unternehmen angepasst.

Die Unterschiede zwischen Deutschland und den oftmals als vorbildlich angesehenen angloamerikanischen Ländern sind dabei nach wie vor sehr groß.[10] Deutschland verkörpert noch immer auf vielerlei Art und Weise das kontinentaleuropäische Sozialmodell, in dem soziale Gleichheit eine Leitlinie für die Politik ist, die Rechte der Beschäftigten in der Wirtschaftspolitik verankert sind und die Gefahren der Deregulierung im Allgemeinen schwerer wiegen als ihre Chancen.

Doch das deutsche Modell tritt auch in eine neue Phase; eine, die das kontinentaleuropäische Sozialmodell und angloamerikanische Praktiken auf eine dynamische Weise verbindet. Zwar bleiben die traditionellen deutschen Institutionen im Großen und Ganzen bestehen, doch die darunter liegenden Erwartungen, Einstellungen und Werte in Wirtschaft, Politik und der Gesellschaft insgesamt verändern sich. Diese Veränderungen haben für einen neuen gesellschaftlichen Kontext gesorgt, in dem sich das Verhalten Einzelner – Arbeitnehmer und Unternehmen – radikaler an neue Bedingungen anpassen als in der Vergangenheit.

Zweitens hat auch bei den politischen Akteuren ein Umdenken eingesetzt. Die Agenda 2010 wird durch eine deutlich erkennbare Einsicht gestärkt, die sowohl bei der Regierung wie bei der Opposition zu beobachten ist. Beide Lager haben die früher vorherrschende Überzeugung hinter sich gelassen, dass sich Deutschland für Wachstum unbesorgt auf die Stärken seines exportorientierten Industriesektors verlassen könne. Politik findet heute in einer Atmosphäre statt, in der die Mehrheit der wichtigen Akteure die Notwendigkeit für strukturelle und institutionelle Weiterentwicklungen verinnerlicht hat, um einen neuen Wachstumsschub der deutschen Wirtschaft zu erreichen. Das war vor wenigen Jahren noch anders.

Drittens hat ein Prozess der Entflechtung von Politik und Verbänden eingesetzt. Die Reform der Bundesagentur für Arbeit hat die Selbstverwaltung eingeschränkt. Dem Verwaltungsrat wurden Kompetenzen entzogen; die Verflechtungen zwischen Weiterbildungsträgern und den Verbänden wurde reduziert. Im Parlament und in den Ausschüssen verlieren die Verbandspolitiker an Bedeutung und Gewicht. Dies gilt insbesondere für die Sozialpolitik. Der ehemals breiten Koalition der Sozialpolitiker, die stark von den Verbänden gestützt wurden, sitzen jetzt im Ausschuss für Wirtschaft und Arbeit auch Wirtschaftspolitiker gegenüber. Damit wurde die Handlungsfähigkeit der Bundesregierung zulasten der Verbände in der Sozialpolitik gestärkt.[11]

Viertens verschiebt sich die Balance zwischen Bund und Ländern zunehmend. Während die Europäische Integration der Bundespolitik zunehmend Kompetenzen entzieht, findet positive Standortpolitik auf der Ebene der Länder statt. Bildungspolitik und regionale Wirtschaftsförderung, wie auch die Kulturpolitik als weicher Faktor der Standortansiedlung sind in der Zuständigkeit der Länder.

Die Länder unterscheiden sich im Hinblick auf ihre wirtschaftliche Spezialisierung – und im Hinblick auf ihre Leistungskraft – stark voneinander. Im internationalen Standortwettbewerb wird diese Spezialisierung noch stärker zutage treten. Damit wird sich das Interesse der Länder – zumindest einiger Länder – an regional spezifischen Regulierungen und damit an einer Entflechtung der Bund-Länder-Beziehungen weiter verstärken.

Fünftens und letztens wirken die dramatisch wachsenden wirtschaftlichen Probleme tendenziell dem Parteienkonflikt entgegen. In beiden großen Parteien wächst die Einsicht, dass ihre eigene Regierungsfähigkeit in der Zukunft massiv behindert werden könnte, wenn heutige Probleme nicht ansatzweise gelöst werden. Eine weitere Verschleppung wichtiger Reformen wird für alle Parteien zu einer immer größer werdenden Hypothek für die Zukunft. In wichtigen Zukunftsthemen kann man sich mittlerweile eine Entwicklung zu parteiübergreifenden Konsenspositionen vorstellen.

In diesem Prozess können die Verbände – und hier insbesondere die Arbeitgeberverbände – eine bedeutsame Rolle spielen. Über ihren Einfluss auf die Parteien können sie sachgerechte Lösungen im Sinne des Gemeinwohls vorantreiben und darauf dringen, dass diese nicht aus kurzfristigen taktischen Gründen vom Parteienkonflikt überlagert werden.

Zum Fazit komme ich auf meine pragmatische Antwort auf die Frage zurück:

Um die Handlungsfähigkeit in der Politik zu steigern, kommt es auf zweierlei an. Langfristig werden wir versuchen müssen, die Konsenserfordernisse im politischen Prozess zu reduzieren, um schneller und systematischer Zukunftsfragen bewältigen zu können.

Solange wir uns jedoch in konsensorientierten politischen Institutionen befinden, wird es unmittelbar darauf ankommen, die Konsensbereitschaft der wesentlichen Akteure zu erhöhen. In diesem Sinne kommt es auf mehr Konsens an – nicht auf weniger.

1 Herzog, Roman: Aufbruch ins 21. Jahrhundert. Berliner Rede von Bundespräsident Roman Herzog im Hotel Adlon am 26. April 1997.

2 Scharpf, Fritz W.: Der deutsche Föderalismus – reformbedürftig und reformierbar? MPIfG Working Paper 04/2, Mai 2004.

3 Trampusch, Christine: Sozialpolitik in Post-Hartz Germany. In: Welttrends (2005; erscheint in Kürze).

4 Hassel, Anke: Sozialpakte – Die Gewerkschaften im Bündnis für Arbeit. In: Forschungsjournal Neue soziale Bewegungen 02/2002.

5 Katzenstein, Peter: Small States in World Markets. Cornell University Press, 1985.

6 Scharpf a.a.O.

7 Lehmbruch, Gerhard: Parteienwettbewerb im Bundesstaat: Regelsysteme und Spannungslagen im politischen System der Bundesrepublik Deutschland; 3. Auflage: Wiesbaden: Westdeutscher Verlag, 2002.

8 Scharpf a.a.O.

9 Lehmbruch a.a.O.

10 Hassel, Anke; Hugh Williamson: Quo vadis, Deutschland? Zum Stand der Reformen in der größten Volkswirtschaft Europas. Internationale Politik, Heft 5/2004, S. 41-48.

11 Trampusch a.a.O.

NORBERT BERTHOLD

Wege aus der Verflechtungsfalle: Wettbewerb oder Kooperation?

Gesundbeter haben wieder Hochkonjunktur. Die wirtschaftliche Entwicklung sei zu einem guten Teil reine Psychologie. Allein der Glaube der wirtschaftlichen Akteure an eine bessere Zukunft versetze Berge. Es sei notwendig, den Menschen klar zu machen, es gehe ihnen eigentlich viel besser als sie glaubten. Eine stärker dosierte konjunkturelle Medizin könne hier Wunder wirken. Diese keynesianischen Pillen sind allerdings seit Maastricht aus guten Gründen verschreibungspflichtig. Die nationalen Medizinmänner dürfen sie nur in kleinen Dosen verabreichen. Das aber hemme die wirtschaftliche Entwicklung überall in Europa, auch in Deutschland, so die Gesundbeter. Wirtschaftlich aufwärts gehe es erst wieder, wenn der Stabilitäts- und Wachstumspakt reformiert sei. Die politischen Totengräber der Europäischen Union haben den Pakt inzwischen beerdigt.

Das alles ist konjunkturelle Illusion, die Realität sieht anders aus. Seit über einem Vierteljahrhundert erreicht die Arbeitslosigkeit immer neue, traurige Rekorde. Vor allem gering Qualifizierte leiden darunter, sie sind immer öfter ohne Chance auf eine reguläre Beschäftigung. Das ist die Klientel einer wachsenden neuen Armut und politischer Unruhe. Und wir sind noch schlechter, als die offizielle Arbeitslosenstatistik zeigt. Gut sind wir nur darin, Arbeitslosigkeit zu verstecken. Die massenhaft hohe Arbeitslosigkeit legt auch offen, dass unsere umlagefinanzierten Systeme der sozialen Sicherung auf Treibsand gebaut sind. Sie wandeln allesamt schon heute immer öfter am Rande des finanziellen Abgrundes. Da die Kosten der sozialen Sicherung die Arbeit verteuern, ist ein Teufelskreismechanismus von finanziellen Defiziten und Arbeitslosigkeit unvermeidlich.

Auch auf dem Feld der föderalen Ordnung knirscht es. Der kooperative Föderalismus ist ins Gerede gekommen. Er verwischt politische Verantwortung, beeinträchtigt die Entscheidungs- und Handlungsfähigkeit der Politik, hat eine zentralistische Schlagseite und trifft die Vorstellungen der Bürger immer seltener. Es nimmt nicht wunder, wenn der Weg der deutschen Politik schon seit längerem mit Reformblockaden gepflastert ist. Daran hat auch die Föderalismuskommission nichts ändern können, sie ist kläglich gescheitert. Alles zusammen, die Misere auf dem Arbeitsmarkt, das finanzielle Desaster der Sozialversicherung und die organisierte Verantwortungslosigkeit der föderalen Ordnung, spiegelt sich wie in einem Brennglas im wirtschaftlichen Wachstum. Deutschland zählt zu den wirtschaftlich wichtigsten Ländern, die seit langem am langsamsten wachsen.

Deutschland hat kein konjunkturelles, es hat ein strukturelles Problem, Deutschland ist in einer institutionellen Verflechtungsfalle gefangen. Wenn es wirtschaftlich wieder aufwärts gehen soll, hilft keine konjunkturelle Medizin, die macht den Patienten nur noch kränker. Aufwärts geht es erst wieder, wenn sich strukturell grundlegendes ändert. Das institutionelle Arrangement ist von Grund auf zu erneuern, es muss wieder auf Markt und Wettbewerb getrimmt und darf nicht weiter von Umverteilung dominiert werden. Da die einzelnen institutionellen Elemente eng aufeinander abgestimmt und miteinander verflochten sind, müssen alle relevanten Institutionen auf den Prüfstand. Das gilt für den Arbeitsmarkt, es trifft für den Bereich des Sozialen und die föderale Ordnung zu. Wer Deutschland wieder voranbringen will, muss überall ansetzen, möglichst gleichzeitig.

1. Warum hat sich Deutschland in einer institutionellen Verflechtungsfalle verfangen?

Wenn ein Land wirtschaftlich ernsthaft in Schwierigkeiten ist, sind die Anpassungslasten, die es verarbeiten muss, offensichtlich größer als die eigene Kapazität, mit ihnen fertig zu werden. Das gilt für alle Länder, die in die internationale Arbeitsteilung eingebunden sind, ganz besonders aber für Deutschland. Die wirtschaftlichen Lasten, die es in den letzten 25 Jahren schultern musste, waren erheblich. Europa- und weltweit offenere Märkte haben mit dazu beigetragen, den Prozess der wirtschaftlichen Veränderung zu beschleunigen. Vor allem die neuen Bundesländer traf es nach der Wiedervereinigung hart. Das wirtschaftliche Umfeld ist volatiler geworden, die unternehmerischen Risiken sind gestiegen, die wirtschaftliche Entwicklung verläuft seither heterogener. Das gilt nicht nur für Sektoren und Unternehmen, es trifft auch für die Arbeit zu.

Wer bei steigenden Anpassungslasten wirtschaftlich nicht auf der Strecke bleiben will, muss alles daran setzen, die Anpassungskapazität zu erhöhen. Das erfordert mehr Flexibilität und Mobilität. Die richtige Antwort auf die höhere wirtschaftliche Volatilität, die sektoralen und regionalen Verschiebungen und die veränderte Nachfrage nach unterschiedlichen Qualitäten von Arbeit sind flexiblere relative Preise, sektoral, regional und qualifikatorisch. Das ist allerdings nicht mehr als ein Anfang. Mit flexiblen relativen Preisen kann man zwar Zeit kaufen, sich an veränderte wirtschaftliche Gegebenheiten anzupassen, mehr aber auch nicht. Eher über kurz als lang müssen die Produktionsfaktoren allerdings die Bereiche ohne Zukunft verlassen und in die zukunftsträchtigen wandern. An einer höheren sektoralen, regionalen und beruflichen Mobilität führt kein Weg vorbei.

Korporatismus und marktwirtschaftliche Ordnung

Wie flexibel und mobil wirtschaftliche Akteure auf veränderte wirtschaftliche Gegebenheiten reagieren, hängt wesentlich vom installierten institutionellen Arrangement ab. Globalisierung, europäische Integration und deutsche Wiedervereinigung sind der institutionelle Lackmustest. Die Erfahrung lehrt, eine offene Gesellschaft, die auf Markt und Wettbewerb setzt, sieht solche Anpassungsprozesse weniger als Risiko, sie nutzt sie als Chance. Mehr Wohlstand für alle stellt sich ein, wenn der Staat einen adäquaten ordnungspolitischen Rahmen schafft. Er muss dafür Sorge tragen, dass private Eigentumsrechte wirksam geschützt werden und der Zugang zu den Märkten auch wirklich offen gehalten wird. Das schlechte Abschneiden Deutschlands deutet darauf hin, dass dies nicht der Fall ist.[1] Institutionen und ökonomische Wirklichkeit passen nicht mehr zueinander.

Dieser ‚institutionelle mismatch' entstand nicht von heute auf morgen. Er entwickelte sich in einem langen, schleichenden Prozess, geprägt vom Verlust an wirtschaftlicher Freiheit, ausgelöst durch umverteilungspolitische Irrtümer und konjunkturpolitischen Steuerungswahn. Seine korporatistischen Wurzeln reichen tief.[2] Ein ausgeprägtes Misstrauen gegen Markt und Wettbewerb ist eine gute Basis, eine starke Präferenz für Gleichheit verstärkt diese Entwicklung. Die Koordination der Interessen über ökonomische Märkte hat in einem solchen Umfeld einen schweren Stand gegen den Ausgleich organisierter Interessen über politische Märkte. Die Institutionen werden weniger an der ökonomischen Effizienz, sondern an den Zielen organisierter Interessen ausgerichtet. Dabei bleibt nicht nur der Wohlstand, oft auch die Gerechtigkeit auf der Strecke.

Eine Gesellschaft, die von Wettbewerb wenig hält, ist ein idealer Nährboden für den korporatistischen Bazillus. In einem solchen Umfeld existieren Renten, auf die es Interessengruppen abgesehen haben.[3] Wenn es an Wettbewerb zwischen Unternehmen mangelt, entstehen Monopolrenten. International wenig offene Gütermärkte begünstigten lange Zeit solche Renten. ‚Quasi-Renten' entstehen, wenn die Arbeitsplatzbesitzer über Marktmacht verfügen. Hohe Kosten des Arbeitsplatzwechsels, kurzfristig irreversible Komplementaritäten von Arbeit und Kapital, aber auch gut organisierte Arbeitnehmer begünstigen solche Renten. Starke Gewerkschaften verstärken diese Entwicklung, da sie ihr Gewicht im politischen Prozess nutzen, um Regulierungen durchzusetzen, die Arbeitsmärkte noch weniger wettbewerblich gestalten und so Renten schaffen.

Die Existenz von Renten ist das eine, sie auch wirklich abschöpfen zu können, das andere. Dazu sind nur gut organisierte Interessengruppen in der Lage. Solche entstehen vor allem im Bereich Arbeit und Soziales um so leichter, je ‚formierter' die Arbeitswelt ist. Der lange Zeit dominierende metallverarbeitende industrielle Sektor mit seinen Großunternehmen, seiner fordistischen Produktionsweise und den tonangebenden Facharbeitern, die sich gewerkschaftlich organisierten, war ein Eldorado korporatistischer Aktivitäten. Dieses marktwidrige Agieren wurde erleichtert, weil die Interessen innerhalb der Gruppe der Arbeitnehmer und der Arbeitgeber relativ homogen waren. Das alles erlaubte einheitliche Lösungen, die zentral ausgeführt werden konnten. Damit waren die Voraussetzungen ideal, existierende Renten auch abschöpfen zu können.

Auch korporatistische Lösungen sind nicht ohne Kosten, zumeist sind es allokative, oft auch distributive. Solche Arrangements sind nur stabil, wenn sie einen Dritten haben, der bereit ist, die Zeche zu zahlen. Die Beteiligten, Tarifpartner und ihre staatlichen Gehilfen, fanden diesen Dritten in den lange Zeit relativ wehrlosen zukünftigen Generationen, denen sie die Kosten dieser ‚Rentenpolitik' aufbürdeten. Mit den umlagefinanzierten Systemen der sozialen Sicherung und der Haftungsgemeinschaft des kooperativen fiskalischen Föderalismus existieren solche Institutionen. Für alle Fälle nutzte der Staat auch über Maastricht hinaus die Möglichkeit, die Lasten korporatistischer Aktivitäten über explizite staatliche Verschuldung zukünftigen Generationen aufzubürden.

Gesellschaften, die für Korporatismus anfällig sind, landen über kurz oder lang in einer institutionellen Verflechtungsfalle. ‚Gresham's law' gilt auch hier: Korporatistische Lösungen verdrängen marktliche. Dabei werden nicht-marktliche Aktivitäten zentral organisiert. Das gilt nicht nur für die Tarifverhandlungen, es trifft auch für den Sozialstaat und die föderale Ordnung zu. Ein ‚institutioneller mismatch' ist unvermeidlich. Die veränderte ökonomische Wirklichkeit erfordert dezentrale Lösungen, das korporatistische Arrangement ist aber überhaupt nur temporär stabil, wenn es möglichst zentral agiert. Das inadäquate institutionelle Arrangement liegt wie Mehltau auf der wirtschaftlichen Entwicklung. Sich aus diesem inflexiblen polit-ökonomischen Gleichgewicht zu befreien und sich für ein flexibles zu entscheiden, fällt ausgesprochen schwer.

Arbeit, Soziales und Föderales

Die anhaltend hohe, massenhafte Arbeitslosigkeit, eine sich verschärfende Krise des Sozialstaates und eine föderale Ordnung, die immer öfter Reformen blockiert, haben eines gemeinsam: Überall wird Wettbewerb ausgehebelt, überall wird Verantwortung verwischt, überall dominieren Kooperation und Korporatismus. Das ist in Zeiten der Globalisierung weder effizient noch gerecht, wie die Entwicklung der Arbeitslosigkeit zeigt. Weltweit offenere Güter- und Faktormärkte haben auf den Arbeitsmärkten zumindest dreierlei verändert: Erstens ist die Nachfrage nach Arbeit instabiler, zweitens hat sich die Struktur der Arbeitsnachfrage verändert, drittens ist die Nachfrage nach Arbeit elastischer. Die eigentlich Leidtragenden dieser Entwicklung sind die gering Qualifizierten.

Das muss nicht so sein. Sowohl gegen die volatilere wirtschaftliche Umwelt als auch die veränderten sektoralen, regionalen und beruflichen Strukturen und die größere Elastizität der Arbeitsnachfrage gibt es probate Mittel: flexible Reallöhne, flexible Lohnstrukturen, mobile Arbeit. Von alledem ist allerdings wenig zu sehen. Das hat einen guten Grund: Auf den Arbeitsmärkten ist Wettbewerb allenfalls eine Restgröße.[4] Die Arbeitsmärkte sind wettbewerbliche Ausnahmebereiche. Dort hat nicht der Wettbewerb das Sagen, dort dominiert ein Tarifkartell. Und das wird vom Staat gestützt. Gesetzliche und arbeitsrechtliche Regelungen, wie die betriebliche Regelungssperre, das Günstigkeitsprinzip, die Möglichkeit der Allgemeinverbindlicherklärung oder die lange Nachwirkung von Tarifverträgen schirmen das Kartell von möglichem Restwettbewerb ab.

Die Mächtigen am Arbeitsmarkt, die Arbeitsplatzbesitzer und ihre gewerkschaftlichen Vertreter, haben dort solange das Sagen, wie es ihnen gelingt, die beschäftigungspolitischen Lasten auf Dritte abzuwälzen. Dabei hilft ihnen beim gegenwärtigen institutionellen Arrangement zumeist der Staat als Sozialstaat. Die Tarifpartner nutzen einen seit den späten 1960er und frühen 1970er Jahren ausgebauten, zentral agierenden Sozialstaat, über den sie erhebliche Teile der Anpassungslasten des strukturellen Wandels auf Dritte überwälzen. Das war die offizielle Arbeitsmarktpolitik der alten Bundesregierung unter Norbert Blüm. Diese Strategie, Lasten zumeist auf zukünftige Generationen zu verlagern, weicht die Budgetrestriktion der Tarifpartner auf. Die Lohn- und Tarifpolitik orientiert sich weniger an den tatsächlichen Gegebenheiten auf den Arbeitsmärkten. Inflexible Löhne, starre Lohnstrukturen, immobile Arbeit und Arbeitslosigkeit sind unvermeidlich.

Der Sozialstaat hat nicht nur mit Lasten zu kämpfen, weil er Opfer der Tarifpartner wird. Auch politische Entscheidungsträger, die eigenen Mitglieder und seine Finanzierungsstruktur setzen ihm schwer zu.[5] Die Politik bürdet ihm immer neue umverteilungspolitische Lasten auf, die Mitglieder üben sich in ‚moral hazard', die Finanzierung über den Faktor Arbeit erodiert die ökonomische Basis. Exogene Schocks, wie Globalisierung, demographische Entwicklung und massenhafte Arbeitslosigkeit verstärken die hausgemachten Probleme. Allerdings: Der Sozialstaat schwächt sein finanzielles Immunsystem durch eigene Aktivitäten weiter. Er verlagert seine Produktion auf die zentrale soziale Gerechtigkeit, die Herstellung sozialer Sicherheit gerät ins Hintertreffen. Das alles schwächt nicht nur seine Anpassungskapazität, auch die unserer Volkswirtschaft leidet.

Damit nicht genug: Die Tarifpartner nutzen auch den kooperativen Föderalismus, das dritte Element des institutionellen Arrangements, um den Staat in beschäftigungspolitische Geiselhaft zu nehmen.[6] Die Angst der Politiker um ihre Wiederwahl und der politische Einfluss der Tarifpartner helfen, die politischen Entscheidungsträger leichter für arbeitsmarktpolitische Aktivitäten zu gewinnen. Eine intransparente föderale Ordnung, die politische Verantwortung verwischt und Wettbewerb behindert, begünstigt die Lastverschiebung auf Dritte. Ein rigides Steuerkartell von Bund und Ländern, vielfältige Mischfinanzierungen und ein prohibitiver Länderfinanzausgleich verhindern nationalen Steuerwettbewerb, verstärken die fiskalische Haftungsgemeinschaft der Gebietskörperschaften und begünstigen einen teilweise „fremdfinanzierten" Subventionswettlauf der Bundesländer. Der kooperative Föderalismus hilft, einen Teil der beschäftigungspolitischen Lasten zu sozialisieren.

Der Exekutivföderalismus basiert auf einer starken Präferenz der Bürger für soziale Gerechtigkeit. Die sollte nach allgemeiner Vorstellung zentral angeboten werden. Es nimmt nicht wunder, dass der Sozialstaat die treibende Kraft der Zentralisierung der föderalen Ordnung ist. Die zentralistische Schlagseite zeigt sich in bundeseinheitlichen arbeitsmarkt- und sozialpolitisch motivierten Regulierungen, einer weitgehend einheitlichen Sozialhilfe und regional identischen Leistungen der Arbeitslosenversicherung. Damit gerät die föderale Ordnung immer mehr in einen Widerspruch zu einer veränderten Realität, die nur effizient gemeistert werden kann, wenn das institutionelle Arrangement dezentraler wird. Die Anpassungskapazität auf dem Arbeitsmarkt leidet, regionale, sektorale und qualifikatorische Lohnstrukturen sind wenig differenziert und inflexibel.

Die föderale Ordnung ist der Schlüssel, der institutionellen Misere zu entkommen und den Reformstau aufzulösen. Notwendige Reformen werden nur auf den Weg gebracht, wenn es gelingt, das Land wieder reformfähig zu machen. Das hängt entscheidend von der föderalen Ordnung ab, ob sie Reformen begünstigt oder behindert. Allein eine lernende föderale Ordnung kann die notwendigen Reformimpulse geben. Das ist nur bei einem dezentral organisierten föderalen Gemeinwesen mit institutionellem Wettbewerb der Fall.[7] Bei einer föderalen Ordnung wie dem kooperativen Föderalismus, die Wettbewerb weitgehend ausschaltet, trifft dies nicht zu. Wenn Deutschland wirtschaftlich wieder auf einen grünen Zweig kommen will, muss es dafür Sorge tragen, eine föderale Ordnung zu installieren, die Reformen zulässt. Was Not tut, ist eine Reform der Reformfähigkeit.

2. Welche Schritte sind notwendig, die institutionellen Verkrustungen aufzubrechen?

Auf die neue wirtschaftliche Umwelt sollte ursachenadäquat reagiert werden. Die Versuchung ist aber groß, an Symptomen zu kurieren und wirtschaftliche Veränderungen zu blockieren. Das ist ohne Intervention und Protektion nicht zu haben, die Quellen des Wohlstandes versiegen, alle verlieren. Aber auch der Versuch, strukturelle Veränderungen mit konjunkturellen Mitteln zu bekämpfen, ist zum Scheitern verurteilt. Es gelingt nicht, exogene strukturelle Schocks konjunkturell zurückzuschocken. Notwendig ist zweierlei: Zum einen muss alles getan werden, politisch verursachte Schocks so gut es geht zu vermeiden. Mehr regelgebundenes, weniger diskretionäres Verhalten der Politik wäre adäquat. Zum anderen muss aber vor allem dafür Sorge getragen werden, die Märkte funktionsfähiger zu gestalten und damit die Anpassungskapazität zu erhöhen.

Der Befund ist eindeutig: Deutschland hat sich in einer institutionellen Verflechtungsfalle verfangen. Auch die Gründe sind klar: Es mangelt an Wettbewerb, überall. Wie anderswo im alten Europa auch haben die Deutschen eine starke Präferenz für Gleichheit, vor allem für Ergebnisgleichheit. An Gutmenschen herrscht kein Mangel. Da ihnen der Wettbewerb zumeist im Weg steht, wird marktliche Koordination immer öfter durch politische Steuerung ersetzt. Das installierte Geflecht auf dem Arbeitsmarkt, im Bereich des Sozialen und der föderalen Ordnung erstickt Wettbewerb und wirtschaftliche Aktivität. Die Fähigkeiten der wirtschaftlichen Akteure, sich schnell und flexibel an die neuen Gegebenheiten anzupassen, werden behindert. Man lässt Unternehmer nicht unternehmen, die Arbeitnehmer nicht arbeiten und die Politiker keine gute Politik machen.

Das ändert sich erst wieder, wenn die Institutionen der neuen wirtschaftlichen Realität angepasst werden. Auf eine volatilere wirtschaftliche Umwelt gibt es nur eine adäquate Antwort, mehr Flexibilität auf Güter- und Faktormärkten. Der wirtschaftlich größeren Heterogenität lässt sich erfolgreich nur mit mehr institutionellem Wettbewerb begegnen. Wer der Verwischung (beschäftigungs-)politischer Verantwortung wirksam vorbeugen will, muss Handlung und Haftung wieder stärker zur Deckung bringen. Das alles verlangt offenere ökonomische und politische Märkte, mehr Wettbewerb auf diesen Märkten, weniger Wettbewerbsbeschränkungen durch Kooperation und Korporatismus. Dann erodieren die ökonomischen Renten, die Mächtigen am Arbeitsmarkt verlieren ihren Einfluss, zukünftige Generationen werfen schon heute ihren Schatten, es wird mehr Ungleichheit akzeptiert, interpersonell und interregional.

Mehr Markt und Wettbewerb

Erst wenn auf dem Arbeitsmarkt wieder Markt und Wettbewerb herrschen, kann der Kampf gegen die Arbeitslosigkeit gewonnen werden. Das erfordert vieles, vor allem aber eine wettbewerblichere Tarifautonomie. Der hohe Zentralisierungsgrad der Tarifauseinandersetzungen muss verringert, das Tarifkartell geknackt werden. Die betrieblichen

Bündnisse für Arbeit allerdings, die wie Pilze aus dem Boden schießen, müssen legalisiert und wirksame gesetzliche Öffnungsklauseln installiert werden. Dabei müssen die Betriebsparteien das letzte Sagen haben, ein Vetorecht der Tarifpartner darf es nicht geben.[8] Damit auf dem Arbeitsmarkt der Wettbewerb funktionsfähig ist, muss die betriebliche Regelungssperre fallen, die Günstigkeit anders interpretiert, die Tarifgebundenheit aufgelockert, die Allgemeinverbindlichkeit abgeschafft und die Nachwirkung von Tarifverträgen verkürzt werden. Kündigungen sind zu erleichtern, befristete Arbeitsverträge zu erweitern, Leiharbeit zu fördern, ertragsabhängige Entlohnungen zu forcieren.

Von Arbeitslosigkeit besonders hart betroffen sind ältere Arbeitnehmer, Frauen und gering Qualifizierte. Diese Gruppen brauchen besonderer Hilfe, eine Hilfe zur Selbsthilfe. Ältere Arbeitnehmer haben nur eine Chance auf einen regulären Arbeitsplatz im ersten Arbeitsmarkt, wenn sich ihre Arbeit für Unternehmen wieder rechnet.[9] Das ist nur der Fall, wenn sich Arbeitsproduktivität und Entlohnung entsprechen. Damit muss von der Entlohnung nach Seniorität abgerückt, der Kündigungsschutz für ältere Arbeitnehmer gelockert, nicht verschärft werden. Aber auch die Anreize älterer Arbeitnehmer, eine Arbeit aufzunehmen, müssen gestärkt werden. Das macht es notwendig, die Leistungen der Arbeitslosenversicherung altersabhängig degressiv auszugestalten und die Abschläge bei der Frühverrentung versicherungsadäquat zu berechnen.

Die Arbeitslosigkeit unter Frauen ist hoch, deren Erwerbsquote international eher gering. Das ist misslich, weil die Nachfrage nach Hochqualifizierten weiter steigen wird. Das Potenzial der Frauen kann nur erschlossen werden, wenn es gelingt, Beruf und Familie besser unter einen Hut zu bringen. Ein flexiblerer Arbeitsmarkt ist eine wichtige Voraussetzung. Nur so können genügend Teilzeitarbeitsplätze bereitgestellt, flexiblere Beschäftigung ermöglicht und ein problemloserer Wiedereinstieg in den Arbeitsmarkt realisiert werden.[10] Gleichzeitig ist auch eine Reform der Systeme der sozialen Sicherung unabdingbar. Geringere Steuern und Abgaben verringern auch die Preise für private Dienstleistungen, gerade auch für Kinder. Die Nachfrage auf privaten Märkten nimmt zu, die häusliche Produktion wird unattraktiver, Beruf und Familie lassen sich leichter vereinbaren.

Wirklich desolat ist die Lage auf den Arbeitsmärkten für einfache Arbeit. Die Nachfrage nach gering Qualifizierten wird im Zuge der Globalisierung hierzulande weiter sinken. Diese Entwicklung lässt sich nur in Grenzen halten, wenn ein Niedriglohnsektor installiert wird. Eine reguläre Beschäftigung findet einfache Arbeit nur, wenn sich Lohn und Produktivität entsprechen. Alles was die Mindestlöhne senkt, schafft mehr Arbeit. Das macht es notwendig, die faktischen Mindestlöhne Arbeitslosengeld II und Sozialgeld zu reformieren. Die Höhe der Leistungen muss verringert, die Transferentzugsrate erhöht und die Zumutbarkeit verschärft werden.[11] Aber auch die Arbeitsmarktpolitik muss vom Kopf auf die Füße gestellt werden. Der zentralistische Weg des ALG II ist ein Irrweg, dezentrale Lösungen vor Ort sind ein Gebot der Stunde. Wichtig ist schließlich, dass die Gewerkschaften ihre ungerechte tarifliche Sockellohnpolitik aufgeben und die Politik der Versuchung widersteht, gesetzliche Mindestlöhne einzuführen.

Das alles läuft ins Leere, wenn es nicht gelingt, die Kanäle zu verstopfen, über die beschäftigungspolitische Lasten auf Dritte abgewälzt werden. Eine grundlegende Reform des Sozialstaates ist das eine. Mehr Privatisierung, mehr Wettbewerb und mehr Dezentralisierung sind die Mittel. Das gilt für die Systeme der sozialen Sicherung ebenso wie für die aktive Arbeitsmarktpolitik. Mindestens ebenso wichtig ist allerdings, dass ebenso die Kanäle verstopft werden, über die ein kooperativer Föderalismus finanzielle Lasten auf zukünftige Generationen verlagert. Notwendig ist hier eine Reform hin zu mehr wettbewerblichem Föderalismus. Wenn es gelingt, alle diese Kanäle nachhaltig zuzuschütten, können die Tarifpartner auf den Arbeitsmärkten auch nicht mehr so viel beschäftigungspolitische Verantwortung auf Dritte abwälzen. Der Beschäftigung und der Entwicklung des Wohlstandes täte es gut.

Kanäle zuschütten

Eine institutionelle Reform darf vor dem Sozialstaat nicht Halt machen. Das gilt nicht nur, weil er weder effizient noch gerecht ist, er ist auch ein wichtiges Element im institutionellen Ensemble. Er begünstigt marktwidrige Umtriebe auf den Arbeitsmärkten, er ist aber auch treibende Kraft, die föderale Ordnung zu zentralisieren. Eine grundlegende Reform ist unvermeidlich, der drohende finanzielle Kollaps zwingt dazu. Der Sozialstaat der Zukunft sollte sich auf sein Kerngeschäft konzentrieren.[12] Er sollte nur dort aktiv sein, wo er besser ist als der Markt. Das ist bei der sozialen Sicherheit wohl nur noch der Fall, wenn es darum geht, die Individuen gegen das Risiko der Arbeitslosigkeit abzusichern. Auf dem Felde der sozialen Gerechtigkeit ist er dem Markt im Kampf gegen die Armut weiter überlegen. Wirklich schlagkräftig bleibt er allerdings nur, wenn er die soziale Gerechtigkeit vor Ort produziert, dezentrale Lösungen sind effizienter als zentrale.

Der Sozialstaat hat seine komparativen Vorteile verloren, wenn es darum geht, die Individuen gegen die Risiken von Krankheit, Pflegebedürftigkeit und Alter abzusichern. Das können Kapital- und Versicherungsmärkte besser. Die Privatisierung auf dem Feld der Kranken-, Pflege- und Rentenversicherung sollte beschleunigt werden. Eine stärkere Kapitalfundierung der Systeme der sozialen Sicherung drängt nicht nur die Umlagefinanzierung zurück. Sie hilft auch gegen Tarifpartner, Politiker, eigene Mitglieder, finanzielle Teufelskreise und demographische Schocks. Das alles kommt auch den Arbeitsmärkten zugute. Die Finanzierung der Sozialsysteme wird von den Arbeitskosten abgekoppelt, die Tarifpartner können vor allem die Rentenversicherung nicht mehr als Lastesel benutzen, beschäftigungspolitische Lasten auf zukünftige Generationen abzuwälzen.

Auch die Arbeitslosenversicherung ist reformbedürftig.[13] Notwendig ist mehr Versicherung und weniger Umverteilung, am besten ausgelagert in das Steuer-Transfer-System. Das Versicherungsgeschäft wird vom operativen Geschäft der Beratung, Vermittlung und Qualifizierung getrennt. Die Arbeitslosenversicherung wird von der Bundesagentur für Arbeit unabhängig. Sie schließt Versicherungsverträge mit den Arbeitnehmern über Geld- und Sachleistungen, sie administriert die Versicherung selbst. Beratung, Vermittlung und Qualifizierung können von privaten, aber auch staatlichen Anbietern erbracht werden. Das können Arbeitsämter oder Kommunen sein. Die Arbeitslosenversicherung erstattet die Kosten. Eine so organisierte Arbeitslosenversicherung bringt nicht nur mehr institutionellen Wettbewerb ins System, sie verengt auch den Kanal, über den die Tarifpartner versuchen könnten, beschäftigungspolitische Lasten auf Dritte abzuwälzen.

Der Sozialstaat hat im Kampf gegen die Armut nur Erfolg, wenn er auf ein neues Paradigma der Gerechtigkeit setzt. Staatliche Hilfe der Zukunft wird wieder eine Hilfe zur Selbsthilfe sein. Wer als arbeitsfähiger Arbeitsloser in Not geraten ist, wird vom Staat nur unterstützt, wenn er arbeitet. Die Grundsicherung wird effizienter organisiert werden. Das angelsächsische Modell der ‚earned income tax' wird kaum zum Zuge kommen. Eine Reform der Grundsicherung mit niedrigen Sätzen, geringeren Transferentzugsraten, schärferen Zumutbarkeitsregeln und mehr Sachleistungen ist aber unumgänglich. Und noch eines ist unabdingbar: Die Solidarität muss weniger zentral, sie muss stärker lokal organisiert werden. Die Kommunen müssen die Grundsicherung in eigener Regie gestalten, die faktischen Mindestlöhne müssen sich an den regionalen Gegebenheiten auf den Arbeitsmärkten vor Ort orientieren, nur dann geht die Arbeitslosigkeit zurück.[14]

Nur eine föderale Ordnung, die stärker auf Wettbewerb setzt, hat Platz in einem neuen institutionellen Arrangement, das aus der Verflechtungsfalle herausführt. Auch im politischen Bereich muss wieder gelten, wer handelt, haftet auch. Nur dann wird Verantwortung weniger verwischt, der Leviathan gezähmt, und die Kräfte der Zentralisierung werden in Schach gehalten. Das macht es notwendig, die Kompetenzen zu entflechten. Rahmengesetze sollten entfallen, die konkurrierende Gesetzgebung sollte abgeschafft werden. Mehr institutionelle Kongruenz erfordert auch eine adäquate Finanzordnung. Die finanzielle Autonomie von Ländern und Kommunen sollte gestärkt werden, anstelle des Verbundsystems sollte eine Zuschlagslösung eingeführt werden. Die Gemeinschaftsaufgaben und Mischfinanzierungen sollten abgeschafft, Subventionsgesetze beseitigt werden.

Es ist allerdings eine Illusion zu glauben, der Politik könnte es gelingen, ganze Kompetenzblöcke zu verschieben und ein Trennsystem einzuführen. Der erfolgversprechendere Weg geht über regionale Experimente vor allem im Wirtschafts-, Arbeits- und Sozialrecht.

Eine Zugriffsgesetzgebung der Bundesländer könnte diesen Weg ebnen.[15] Das setzt allerdings voraus, dass sich Deutschland von der Illusion gleichwertiger Lebensverhältnisse verabschiedet. Die regionalen Experimente schaffen Ländern und Kommunen mehr Handlungsspielräume, sie sind der Motor eines verstärkten horizontalen Wettbewerbs. In Abhängigkeit von den Problemen vor Ort werden unterschiedliche Lösungen ausprobiert; wenn sie gelingen, werden sie von anderen nachgeahmt, wenn sie misslingen, werden sie eingestellt. Ein Bundesarbeits- und ein Bundessozialgericht sind nicht mehr notwendig, sie behindern den Wettbewerb als Entdeckungsverfahren nur.

Um zu verhindern, dass Lasten auch weiter auf Dritte abgewälzt werden, ist ein sanktionsbewehrter Haftungsausschluss notwendig. Das ‚bündische Prinzip' muss neu interpretiert werden. Die finanzielle Hilfe von Bund und Bundesländern sollte sich, wie in anderen entwickelten Ländern auch, nur noch auf absolute Notfälle beschränken.[16] Der Länderfinanzausgleich sollte aber auch anreizverträglicher ausgestaltet und transparenter sein. Das reicht allerdings nicht: Die wichtigeren Kanäle der interregionalen Umverteilung, wie der implizite Finanzausgleich in den Systemen der sozialen Sicherung, der heimliche Finanzausgleich über die aktive Arbeitsmarkpolitik[17] oder der kaschierte Finanzausgleich über die Regional- und Strukturpolitik sollten verstopft werden. Das würde die institutionelle Kongruenz fördern und den wettbewerblichen Föderalismus ans Laufen bringen.

3. Kann es in demokratischen Ordnungen gelingen, der institutionellen Verflechtungsfalle zu entkommen?

Was zu tun ist, scheint klar, wie es im politischen Prozess umgesetzt werden soll, allerdings nicht. Darüber wissen nicht nur Ökonomen relativ wenig.[18] Eines zeigt das institutionelle Arrangement allerdings: Die Elemente Arbeit, Soziales und Föderales sind eng aufeinander abgestimmt. Damit wären eigentlich reformatorische Aktivitäten notwendig, die am besten an allen kritischen Fronten gleichzeitig angreifen, nicht punktuelle Reformen. Eine solche Strategie wäre nicht nur zielorientierter, Reformen überall gleichzeitig verstärkten die positiven Effekte der wirtschaftlichen Entwicklung. Kosten und Erträge von Reformen fielen zeitlich weniger stark auseinander. Die Gefahr des politischen Selbstmordes wäre geringer, die Bereitschaft der Politiker nähme zu, das ganze Ensemble des institutionellen Arrangements von Grund auf zu sanieren.

Weder Wähler noch Politiker haben ernsthaft darüber nachgedacht, wie Reformen politisch umgesetzt werden können. Noch glauben nämlich beide, der neuen Realität ein Schnippchen schlagen zu können. Viele in Politik, Verbänden und Gewerkschaften hoffen noch immer, die wirtschaftliche Lage ließe sich mit alten Medikamenten kurieren, mit konjunkturellen, protektionistischen und korporatistischen. Aber weder konjunkturelle Mittel, für deren Einsatz die Politik gerade den Stabilitäts- und Wachstumspakt beerdigt hat, noch protektionistische Instrumente, für die eine neue Dienstleistungsrichtlinie in Europa den Weg ebnen soll, sind geeignet, aus der institutionellen Verflechtungsfalle zu kommen. Auch der Vorschlag, auf korporatistische Bündnisse für Arbeit, auf neue Kungelrunden, zu setzen, ist ungeeignet. Der Bock würde endgültig zum Gärtner.

Die Zeiten korporatistischer Aktivitäten sind ein für allemal vorbei. Mit der Globalisierung hat sich der Wettbewerb verschärft, die ökonomischen Renten auf Güter- und Faktormärkten erodieren, die Anreize gehen zurück, sich korporatistisch zu verhalten. Gleichzeitig wandelt sich die Arbeitswelt. Eine organisatorische Revolution rüttelt an den Grundfesten der fordistischen Produktion. Arbeit und Kapital werden heterogener, sie lassen sich weniger gut organisieren. Das Arbeitsmarktfundament des Korporatismus bröckelt. International mobiles Kapital stärkt die Widerstandskraft zukünftiger Generationen. Die Kapitalmärkte strafen die Volkswirtschaften, die weiter auf umlagefinanzierte Sozialsysteme setzen, mit höheren Zinsen. Damit erhöhen sie die Kosten korporatistischen Treibens und verengen die Kanäle der Lastverschiebung. Die Globalisierung ist der ‚weiße Ritter', der Kämpfer um neue Institutionen, sie sichert unseren Wohlstand.

Was die Globalisierung nicht schafft, erledigt die Demographie. Die zunehmende Alterung spielt schon mittelfristig den Libero des institutionellen Arrangements aus, die umlagefinanzierten Systeme der sozialen

Sicherung. Vor allem die staatlich organisierte Alterssicherung, über die beschäftigungspolitische Lasten auf zukünftige Generationen verlagert wurden, wird nach dem demographischen Schock ein anderes Gesicht haben. Mehr individuelle Eigenvorsorge auf privaten Kapitalmärkten verschüttet den Hauptkanal der Lastverschiebung. Damit werden die notwendigen institutionellen Reformen überall ans Laufen gebracht, ein Domino-Effekt entsteht. Die Tarifpartner werden sich an den tatsächlichen Gegebenheiten auf den Arbeitsmärkten vor Ort orientieren. Der Anreiz, zentralistisch zu regulieren, wird sinken, die föderale Ordnung wird wettbewerblicher.

Die eigentlich spannende Frage ist, ob die Reformen auf einen Schlag erfolgen, wenn ein bestimmter Punkt überschritten ist, oder werden sie schrittweise angegangen, abhängig von der Schwere der Probleme. Alle Erfahrungen in reformfreudigeren Ländern zeigen: Überall wurde schrittweise vorgegangen. Das wird auch hierzulande nicht anders sein. Der institutionelle Wandel ist längst im Gang. Er tritt allerdings eher heimlich auf. Hinter einer noch weitgehend unveränderten institutionellen Fassade tut sich vieles.[19] Auf den Arbeitsmärkten mischen betriebliche Bündnisse für Arbeit die Tarifautonomie auf, Individuen sorgen längst auf privaten Kapitalmärkten für ihr Alter vor, Länder und Kommunen betreiben seit langem eigene aktive Arbeitsmarktpolitiken. Wie weit der Weg zu neuen Institutionen allerdings noch ist, zeigt das Ausmaß der Schwarzarbeit.

Politik, Verbände und Gewerkschaften blockieren den heimlichen institutionellen Wandel so gut es geht. Der gewerkschaftliche Kampf gegen betriebliche Bündnisse, der staatliche Ausbau der Grundsicherung in den Systemen der sozialen Sicherung, die faktische Austrocknung dezentraler aktiver Arbeitsmarktpolitik durch Hartz IV sind nur einige Beispiele. Es wäre schon viel für den Reformprozess gewonnen, wenn diese Akteure den institutionellen Wandel nicht behindern würden. Die Politik könnte allerdings helfen, den Prozess zu beschleunigen. Ein einfaches, kostengünstiges Mittel bestünde darin, regionale Experimentierklauseln zuzulassen. Das würde den institutionellen Wettbewerb schärfen und neue Problemlösungen aufzeigen.

Deutschland würde entscheidende Reformimpulse erhalten, wenn die Föderalismuskommission in diesem Sinne erfolgreich wäre. Die Reform des Föderalismus ist in der Tat die Mutter aller Reformen.

1 Vgl. Gwartney, J. und Lawson, R.: Economic Freedom of the World. 2004 Annual Report, Fraser Institute, Vancouver B.C. 2004.

2 Vgl. Berthold, N. und Hank, R. : Bündnis für Arbeit: Korporatismus statt Wettbewerb, Tübingen 1999, und Wissenschaftlicher Beirat beim Bundesministerium für Wirtschaft und Technologie, Aktuelle Formen des Korporatismus, Berlin 2000.

3 Für eine ausführlichere Darstellung vgl. Berthold, N. : Das Bündnis für Arbeit – Ein Weg aus der institutionellen Verflechtungsfalle?, in: Perspektiven der Wirtschaftspolitik 2, 2001, S. 385-388.

4 Vgl. Berthold, N.: Flächentarif und Arbeitslosigkeit – Wie wichtig sind institutionelle Arrangements?, in: W. Franz u.a. (Hrsg.), Wirtschaftspolitische Herausforderungen an der Jahrhundertwende, Wirtschaftswissenschaftliches Seminar Ottobeuren 30, Tübingen 2001, S. 43-71.

5 Zu einer ausführlichen Analyse des selbstzerstörerischen Prozesses des Sozialstaates vgl. Berthold, N.: Der Sozialstaat im Zeitalter der Globalisierung, Tübingen 1997.

6 Vgl. Berthold, N.: Der Föderalismus und die Arbeitslosigkeit: Eine vernachlässigte Beziehung, in: List Forum für Wirtschafts- und Finanzpolitik 24, 1998, S. 345-366.

7 Vgl. Feld, L.P.: Fiskalischer Föderalismus in der Schweiz – Vorbild für die Reform der deutschen Finanzverfassung?, Gütersloh u. a. 2004.

8 Vgl. Berthold, N., Brischke, M. und Stettes, O.: Betriebliche Bündnisse für Arbeit – Eine empirische Erhebung für den deutschen Maschinen- und Anlagebau, Wirtschaftswissenschaftliche Beiträge des Lehrstuhls für Volkswirtschaftslehre, Wirtschaftsordnung und Sozialpolitik, Nr. 68, Würzburg 2003.

9 Vgl. Funk, L.: Mehr Beschäftigung für Ältere. Lehren aus dem Ausland, Beiträge zur Ordnungspolitik, Institut der deutschen Wirtschaft, Köln 2004.

10 Vgl. Berthold, N. und Fehn, R.: Familienpolitik: Ordnungspolitische Leitplanken im dichten Nebel des Verteilungskampfes, in: Vierteljahreshefte zur Wirtschaftsforschung 71, 2002, S. 26-42; Berthold, N.: Ordnungspolitik ist die beste Familienpolitik, in: Neue Zürcher Zeitung vom 26. Oktober 2002, S. 27.

11 Vgl. Berthold, N. und v. Berchem, S.: Die Sozialhilfe zwischen Effizienz und Gerechtigkeit – wie kann der Spagat gelingen?, in: N. Berthold und E. Gundel (Hrsg.), Theorie der sozialen Ordnungspolitik, Stuttgart 2003, S. 137-157.

12 Vgl. Berthold, N.: Mehr Effizienz und Gerechtigkeit: Wege zur Entflechtung des Sozialstaates, in: Perspektiven der Wirtschaftspolitik 6, 2005, S. 233-254.

13 Vgl. Berthold, N. und v. Berchem, S.: Reform der Arbeitslosenversicherung – Markt, Staat oder beides?, in: Zeitschrift für Wirtschaftspolitik 53, 2004, S. 287-314

14 Hartz IV geht in eine ganz andere Richtung. Das Arbeitslosengeld II ist zwar niedriger als die bisherige durchschnittliche Arbeitslosenhilfe, aber oft höher als die alte Sozialhilfe. Der faktische Mindestlohn für die meisten Langzeitarbeitslosen ist deshalb gestiegen. Was noch schwerer wiegt, ist allerdings, dass die Zentralisierung nicht ab-, sondern zugenommen hat. Die dezentralen kommunalen Beschäftigungsprogramme wurden

zerstört, die Arbeitsgemeinschaften sind zentralistisch organisiert, die 69 Optionsmodelle sind ein Tropfen auf den heißen Stein.

[15] Vgl. Scharpf, F.W.: Föderale Politikverflechtung: Was muss man ertragen? Was kann man ändern?, in: K. Morath (Hrsg.), Reform des Föderalismus, Bad Homburg 1999, S. 34-35, und Berthold, N.: Zeit für Experimente, in: Frankfurter Allgemeine Zeitung vom 18. Oktober 2003.

[16] Das klingt gut; ob es das allerdings auch in der Realität sein wird, steht auf einem anderen Blatt. Die Erfahrung mit ‚No-bail-out-Klauseln' zeigt, dass sie oft nicht so ausgestaltet werden können, dass sie im politischen Prozess eingehalten werden. Der Fall Maastricht belegt das noch einmal eindringlich. Wo sie aber einigermaßen glaubwürdig sind, besteht eine Tendenz, die Verschuldung von den untergeordneten Gebietskörperschaften auf übergeordnete zu verlagern. Vgl. McKinnon, R.: Alternative exchange-rate regimes, the EMU, and Sweden: the fiscal constraint, in: Swedish Economic Policy Review 4, 1997, S. 204. Das wäre in Europa allerdings eindeutig kontraproduktiv, wenn die EU auf diesem Weg an eigene Verschuldungsmöglichkeiten kommen würde.

[17] Vgl. Koller, M., Schiebel, W. und Stichter-Werner, A.: Der heimliche Finanzausgleich, IAB Kurzbericht Nr. 16 vom 5. September 2003.

[18] Vgl. Castanheira, M. u.a.: How to Gain Political Support for Reforms? Paper presented at the Conference ‚Structural Reform without Prejudices', Lecce, June 19, 2004; Straubhaar, T. u.a.: Ökonomik der Reform – Wege zu mehr Wachstum in der Schweiz/Deutschland, Zürich 2004.

[19] Vgl. Hassel, A.: Ganz ohne Ruck – wie das deutsche Modell sich wandelt, Antrittsvorlesung, Ruhr-Universität Bochum, 4. Februar 2004.

MICHAEL STÜRMER
Noch ist Deutschland nicht verloren

Die Deutsche Frage ist wieder da, und sie lautet in ihrer einfachsten Form noch immer: Wem gehört Deutschland, und wohin gehören die Deutschen? Darin verbinden sich Außen- und Innenpolitik, Handlungsfähigkeit in Bündnissen und Lähmung ohne und gegen die Bündnisse. Die Lage war lange nicht mehr so ernst. Aber: Noch ist Deutschland nicht verloren.

Als Helmut Kohl noch regierte, sagte er einmal in seinem Bonner Büro, wer an diesem Schreibtisch sitze, könne und werde keine andere Politik machen als die europäisch und atlantisch vorgezeichnete. Wenig ahnte er, was kam. Es dauerte keine zehn Jahre, und Deutschland hat in der internationalen Politik alles verloren, was seit Adenauer an moralischem und politischem Kapital aufgebaut wurde: Berechenbarkeit, Vertrauen, Verlässlichkeit, Achtung der Verbündeten, Umgangsformen, handwerkliche Perfektion. Wenn aber das internationale Koordinatensystem verloren geht, so schlägt das auf die Innenpolitik durch, kostet Vertrauen, Investitionen und Kooperationen, wie umgekehrt taktische Bedürfnisse der Machterhaltung die Außenpolitik ruinieren und, wenn nicht alle Zeichen trügen, weiter ruinieren werden. Das Iran-Szenario 2006, um einen Hinweis zu geben, wird ernst.

Die fetten Jahre sind vorbei. Die mageren Jahre sind über das Land gekommen. Aber kein Joseph war da, beizeiten die Scheuern zu füllen. Und kein Pharao erzwang, solange es Zeit war, Maßhalten und hausväterliche Vernunft. Jetzt muss die Politik tun, was sie am meisten scheut: sich selbst die üble Lage eingestehen, den Leuten die Wahrheit sagen, sie überzeugen und entsprechend handeln. „Toil, sweat, and tears". Sonst nehmen Staat und Gesellschaft dauerhaft Schaden.

Es gibt kein Gesetz, nach dem Kanzler nicht für ihre Überzeugungen stehen und notfalls fallen dürfen. Ludwig Erhard hat es vorgemacht, desgleichen Helmut Schmidt. Das aber erfordert Eigenschaften, die in der Spaßgesellschaft knappe Güter wurden: Klugheit und Verantwortungsgefühl, Überzeugungskraft und Mut. Die Staatskrise ist Gesellschaftskrise, und die Gesellschaftskrise ist Wertekrise.

Republiken können scheitern

Noch ist Deutschland nicht verloren. Der Londoner Economist, der das Wort vom „sick man of Europe" prägte, sieht erste Zeichen von Gesundung in der Wirtschaft. Ob daraus neuer Aufstieg wird, hängt von vielen Faktoren ab, vom Ölpreis bis zur Qualität des Deutschen Bundestages, von der Demographie bis zur Führungsfähigkeit in den Glastürmen von Berlin.

Republiken können zugrunde gehen. Die innere Lage des Landes, Adenauer zu zitieren, war noch nie so ernst. Es gibt für die Demokratie von heute keine Bestandsgarantie, sowenig wie für die Monarchien von ehedem. Das Gesetz ihres Überlebens ist Wandel, Anpassung, Prävention: Erstarrung ist Anfang vom Ende. Die Revolution in Frankreich entstand nicht aus unwiderstehlichem Bedürfnis nach „Freiheit, Gleichheit, Brüderlichkeit" – das war nur späte Propaganda der Revolutionsgewinner. Frankreich hatte sich im amerikanischen Unabhängigkeitskrieg finanziell übernommen. Die Steuerkraft sank dramatisch, als nasse Sommer und strenge Winter eine Hunger- und Gewerbekrise nach sich zogen. Die Unterschichten verzweifelten, die Bourgeoisie fürchtete Zahlungsunfähigkeit der Krone, der Staat machte durch Konsumverzicht das Übel noch schlimmer – John Maynard Keynes hätte das Gegenteil empfohlen. Es gab Selbstkritik und Reformen, vom ersteren zu viel, vom letzteren zu wenig. Die Monarchie war ratlos, es begann die Stunde der Phrasen, der Patentrezepte und der Gewalt. Bis heute verbrauchte Frankreich drei Revolutionen, zweieinhalb Diktaturen, Vichy eingerechnet, und fünf Republiken. Ähnlichkeiten mit lebenden Personen sind, wie immer, zufälliger Natur.

Die Epoche zwischen den Weltkriegen war für die Demokratien ein langer Winter des Missvergnügens. Die meisten, die 1918/19 hoffnungsfroh begannen, waren schon zehn Jahre später passé. England und Frankreich balancierten am Rande des Bürgerkriegs. Der amerikanische Traum wurde von Roosevelt gerettet durch eine Revolution von oben, New Deal genannt. Die Weimarer Republik ist das erste Mal, 1923, nur durch die strenge Medizin aus staatsgemachter Inflation, Belagerungszustand aus den Gewehrläufen der Reichswehr und die Notstandsbefugnisse des Reichspräsidenten Ebert gerettet worden. Das zweite Mal, angesichts der weltweiten Depression, war die Republik ohne Republikaner am Ende, Bürgerkrieg drohte, das Präsidialregime, statt die Republik zu retten, lieferte sie ihren Feinden aus. Auch Demokratien gehen den Weg alles Irdischen.

Die Bürger im Deutschland von heute sollen sich nicht beklagen, dass die unangenehmen Wahrheiten spät verkündet werden. Sie haben es doch niemals anders gewollt. Seit Anbeginn der Bundesrepublik Deutschland, alten Stils seit 1949 oder neuen Stils seit 1990, zogen die Wähler die Träger der guten Nachrichten den Boten mit den schlechten vor, auch wenn die Frohbotschaft mehr und mehr als leeres Versprechen, Illusion und ungedeckter Wechsel erkennbar wurde. Überforderung und Erstarrung der Sozialsysteme und der Triumph der Bürokratie über das Leben kamen so wenig wie Überbesteuerung und demographische Katastrophe über Nacht. Daran wurde lange gearbeitet, mit deutscher Perfektionswut, taub für alle frühen Warnungen von Bundesbank, Weltbank, OECD oder heimischen Beratern. Politik steht immer in der Versuchung, sich beratungsresistent zu machen.

Dass Mentalitäten und Lebensformen sich postindustriell veränderten, zeichnete sich auf dem Radarschirm spätestens Mitte der 1960er Jahre ab, und um die Konsequenzen zu errechnen, musste man nicht Mathematik-Genie sein. Erst weigern sich die Leute, Kinder zu bekommen, und dann wollen sie nicht sterben: Das war die Wirklichkeit hinter dem viel gerühmten deutschen „Generationenvertrag“. Was die 9/11 Commission über die amerikanischen Dienste und ihr Versagen sagt – „they failed to connect the dots“ –, gilt auch für die deutsche Politik. Die Einheit hat dann die strukturellen Schwächen dramatisiert.

Auch das hat man vor sich selbst versteckt. Denn Zweckoptimismus war angesagt, um die im Osten dort zu halten. Im Grunde waren alle Symptome unter Fachleuten so wenig umstritten wie der weitere Fortgang des Malaise.

Es geht indes weiterhin den deutschen Wählern nicht anders als denen, die sie gewählt haben: Sie bestrafen den Boten für die Botschaft. Das trifft heute die Sozialdemokraten, die allerdings einen Teil des Debakels ausschließlich der von ihnen geführten Regierung verdanken, deren elitärem ‚Soziologesisch', ihren unverständlichen Codeworten wie „Hartz IV" und ihrem dramatischen Versäumnis, die Abkehr vom Füllhorn der Staatswohltaten dem Mann und der Frau auf der Straße zu erklären – einmal, zweimal, dreimal und notfalls noch mehr. Schadenfreude ist nicht angebracht. Denn wer die Regierung von morgen stellen will, muss wissen, dass er – oder sie – nicht nur in Handwerk und Kommunikation besser sein muss als die von heute. Er muss, wie der Prinz auf dem Weg zu Dornröschen, eine Dornenhecke zerschlagen, die sich um den Staat gelegt hat und ihm mit Erstickung droht. Inflationierung der Währung wäre verlockend, doch sind die EZB davor und die Verträge – vorerst noch. Mehr Druck der Finanz- und Zollbehörden auf Einkommen und Vermögen wird nur mehr Resistenz erzeugen, mehr Schattenwirtschaft und mehr Kapitalflucht.

Es wird stattdessen einen nationalen Dialog brauchen zu einem alten Thema, nämlich „Die Gränzen der Wirksamkeit des Staates" zu bestimmen, wie Wilhelm von Humboldt, Erzvater des Liberalismus, 1797 schrieb. Dieser Dialog aber wird, wenn er taugt, nicht Theorie bringen, sondern Schweiss und Tränen. Er wird, mehr als alles andere, den deutschen Politikmodus revolutionär zu ändern haben und die Nation aus dem Himmel ihrer Illusionen auf den Boden der wirtschaftlichen Realität zurückholen müssen. Wenn nicht, öffnet sich politisch und sozial die Hölle. Die kleinen Teufel am rechten und am linken Rand heizen schon ein.

Sozialstaat als Staatsräson

Deutschland hat zwei große sozialdemokratische Parteien, „eine davon ein bisschen mehr katholisch". Was der große Spötter – und Wirtschaftsfachmann – Johannes Gross in einer seiner Kolumnen dahin warf, kann der Bundesrepublik zum Schicksal werden, vorher aber schon den politischen Parteien. Wachstum der Menschenzahl, Wachstum des Bruttosozialprodukts, Wachstum der Märkte, allzeit billiges Öl und noch billigere Nuklearenergie, dazu ein günstiger Dollarkurs. Auf solche Gunst des Schicksals wurden vor einem halben Jahrhundert Verheißung und Wirklichkeit des deutschen Sozialstaats gegründet. Wirtschaftswunder forever.

Darauf wurde aber auch die politische Lebensform gegründet. Adenauer, Pater patriae, hatte eine zerrissene Nation zu beruhigen, gegen die Versuchungen aus dem Osten zu immunisieren und durch stabile Verhältnisse die Deutschen mit sich selbst zu versöhnen und die Nachbarn, namentlich die Westalliierten, zu beruhigen. Im Kern stand „Wohlstand für alle" und „Keine Experimente". Damit gewannen Erhard und Adenauer Wahlen. Sozialpolitik bot den Ersatz einer Staatsräson, die deutsche Mark wurde Inbegriff von Verlässlichkeit und Vertrauen. Nicht alle Deutschen glauben an Gott, aber alle glauben an die Bundesbank, sagte Jacques Delors in seinen späten Brüsseler Jahren, bevor er sich daran machte, die Festung in Frankfurt zu schleifen.

Lange Zeit ging es gut. „Capitalisme Rhenan" (Michel Albert) erregte Bewunderung. Heute sprechen die großen Blätter der City of London „The Economist" und die „Financial Times" im Blick auf Deutschland unbarmherzig vom „sick man of Europe". Das hat nicht nur Auswirkungen auf die gesamteuropäische Wirtschaftsleistung. Es trat der Ernstfall des Sozialstaats ein, und seit Mitte der 1990er Jahre – zwanzig Jahre zu spät – begann auch die Regierung gegenzusteuern. Mit geringem Erfolg, weil die Opposition blockierte und, wo es um Rettung des Sozialstaats ging, von dessen angeblicher Zerstörung phantasierte. Die Nemesis folgte, als die Sozialdemokraten ans Regieren kamen und, nach den Possen des Anfangs, den Ernst der Lage erfassten und sich ans Gegensteuern machten. Jeder fühlt sich seitdem gerechtfertigt:

Die einen, weil nicht genug, die anderen, weil längst zu viel geschehen sei. Hinter der Krise der Partei zeichnet sich drohend die Krise des Parteienstaats ab. Zwei von drei Deutschen diktieren den Allensbachern in den Schreibblock, dass die Parteien es allesamt nicht können.

Vertrauenskrise der Politik

Die Union hat keinen Grund, sich dieser Lage zu freuen. Wäre sie am Regieren, so hätte sie nicht minder mit sich selbst zu kämpfen und mit den Wählern – und wahrscheinlich würden Grüne und Sozialdemokraten sie der Menschenfresserei beschuldigen. Denn was geschieht, ist – bei aller handwerklichen Schludrigkeit – Folge und Ausdruck eines tiefen Malaise. Das unaufhaltsame Wachstum der Sozialkosten aller Art, im Kern wie an den absurden Rändern – Viagra zur Stärkung für Beamte und Angestellte des Landes Berlin, Brustvergrößerung oder Verkleinerung, je nach Wunsch, und alles auf anderer Leute Kosten –, überfordert das Regierungspersonal, die regierende Parteienkoalition und, genau genommen, auch die Opposition. Zur Milderung der Schmerzen wird die Nettokreditaufnahme weiter erhöht ohne irgendein anderes Konzept als das altbewährte: Kommt Zeit, kommt Rat. Niemand an der zumeist kinderlosen Spitze weiß, wie denn in Zukunft bei schrumpfender und alternder Bevölkerung ein Ausweg zu finden wäre aus der Schuldenfalle. Die Stunde der Wahrheit steht noch bevor, und damit die Bewährung der deutschen Demokratie – oder ihre Nicht-Bewährung, wer weiß.

Die Erkenntnisse der Demographen, die seit drei Jahrzehnten, die meiste Zeit vergeblich, zu vorsichtigem Abbremsen rieten, hat die Politik bis zuletzt mit Nichtachtung gestraft. Stattdessen war die Unheilige Allianz der Sopos jeder Couleur dabei, die allgemeinen Wahlen stets aufs neue zur Auktion um Macht und Einfluss zu machen und, wo es bis dahin ein Bedürfnis nicht gegeben hatte, ein neues zu erfinden und flugs zu befriedigen. Aus tausend Verheißungen wurden, für Bedürftige und Unbedürftige, einklagbare Besitzansprüche. Gewerkschaften und Unternehmer erkauften sich sozialen Frieden durch Lohnabschlüsse, die, eingeschlossen Lohnnebenkosten, Urlaub, Sonderpausen und sonstige Gefälligkeiten, Deutschland zum Lohnweltmeister machten – Staat und Steuerzahler trugen die Kosten. Olaf Henkel beschuldigt die Arbeitgeberseite im Tarifkartell, das auf Kosten Dritter, nämlich unser aller, Arbeitslose produzierte. Aber die Gewerkschaften waren nicht mit Einsicht und Voraussicht gesegnet. Die Arbeitsbesitzer ließen es sich wohl sein auf Kosten der Nichtbesitzer. Wer das System abstürzen sehen will oder eine DDR light bevorzugt, konnte sich freuen, zuerst heimlich, neuerdings offen.

Der Sozialstaat ist an die Stelle der Staatsräson getreten. Seine Krise erschüttert die demokratische Lebensform. Man darf nicht vergessen, dass in Deutschland der Sozialstaat tiefere Wurzeln hat als die Demokratie und durch alle Regime ausgebaut wurde. Bismarck begann 1883 mit Unfall-, Alters- und Krankenversicherung, um den Sozialisten den Donner zu stehlen. Wilhelm II. machte sich stark für Arbeiterschutz und Arbeitsgerichte unter Beteiligung der Gewerkschaften. Die starke Stellung der Betriebsräte ist der III. Obersten Heeresleitung 1916 zu verdanken, dem „Bürgerblock" von 1927 Arbeitslosenvermittlung und Arbeitslosenversicherung. Auch die NS-Diktatur trug via Deutsche Arbeitsfront manches bei zum deutschen Sozialstaat, was heute zum Allerheiligsten zählt.

Die Nachkriegsgeschichte der Deutschen versteht nur, wer ihre Traumata kennt, Inflation und Massenarbeitslosigkeit. Der Sozialstaat nach 1945 war nicht nur Klientelpolitik und Umverteilung. Der Konsens lautete, dass Versicherung gegen Radikalismus und Staatszerfall jeden Preis kosten durfte, auch den dynamisierten, ungebremsten Sozialstaat. Im Begriff der Sozialen Marktwirtschaft sollten die Gegensätze versöhnt werden, die Ausfüllung des großen Widerspruchs den schönfärberisch so genannten Sozialpartnern übertragen werden. Lange Zeit war dieser Konsens das Staunen der Welt, und auch die Phantasien von 1968 konnten ihm wenig anhaben. Wachstum ersparte Verteilungskämpfe – das war gut –, aber es verhinderte auch Nachdenken über die Folgen – das war nicht gut. Von der Politik dazu ermächtigt und ermutigt, einigten sich Gewerkschaften und Arbeitgeber zumeist auf Kosten anderer: Arbeitslose, Verbraucher und gewöhnliche Steuerzahler. Das ging lange gut, aber im Zeichen von Globalisierung, bürokratischer Erstarrung,

Kindermangel, Ausbildungsdefizit und Überalterung geht es nicht mehr gut. Deutschland konnte sich lange Zeit Fehler leisten, die in Großbritannien, Schweden und den Niederlanden früher schmerzhaft wurden und Abhilfe verlangten.

In den Niederlanden ging die Sache gegen die Wand, als zwei Ölpreiskrisen die Harmonie störten. Das Wassenaar-Abkommen sollte helfen. Lange bewundert, ist es im Zerfall. Ähnlich Schweden, wo der Steuerstaat das Volksheim ruinierte. Großbritannien war die Ausnahme: Die Iron Lady unterzog die Gewerkschaften einer unbetäubten Rückgratoperation, unterstützt durch Nordseeöl, das britische Mehrheitswahlrecht – eine Minderheit der Wähler reicht für die Mehrheit der Sitze in den Commons – und den Falkland-Krieg. Tony Blair, anders als Schröder, war klug genug, die Grausamkeiten der Vorgänger-Regierung dankbar hinzunehmen.

Ein weitsichtiger deutscher Unternehmenschef lud Anfang 2004 seine Betriebsräte auf eine Chinareise ein. Danach wurde die Arbeitszeit einvernehmlich heraufgesetzt. Den Gewerkschaften steht eine solche Begegnung mit der Wirklichkeit noch bevor. Die Globalisierung hat kein Mitleid, Schrumpfung und Alterung der Bevölkerung sind Gegebenheiten jenseits der Politik. Aber verantwortliche Politik muss sich auf beides einstellen. Das beginnt erst und wird den politischen Parteien, der Führungskraft der Machteliten und den Wählern zur unnachsichtigen Prüfung. Das Ergebnis ist offen. Aber die Tatsache, dass Jahr um Jahr an die 100.000 der Begabtesten abwandern zu grüneren Weiden, ist das schärfste aller Alarmsignale.

Von der Gesellschaftskrise zur Staatskrise

Die deutsche Krise hat viele Ursachen. Nicht die geringste, dass die Balance zwischen Sozial und Liberal in den fetten 1950ern definiert wurde und seitdem unablässig in Richtung des Sozialen verrutschte. Zum Zweiten, dass die üblen Nachrichten aus Demographenstuben über drei Jahrzehnte folgenlos quittiert wurden, um den politischen Auktionsbetrieb nicht zu stören. Zum Dritten, dass die politische Klasse, eingeschlossen Gewerkschaften und Fiskalbürokraten, weiterhin in Begriffen der geschlossenen Nationalwirtschaft denkt. Endlich, dass lange Zeit unterschätzt wurde, wie die tote Hand der DDR sich aus dem Armengrab reckt. Folge von alldem: Der deutsche Gesellschaftsvertrag, der den Staat trägt, neutralisiert und ihn zugleich nahezu impotent macht, ist nicht mehr lebensfähig und kaum noch korrekturfähig.

Zwei sozialdemokratische Parteien hat das Land, eine zuviel. Kein Wunder, dass die gegenwärtig regierende büßen muss für die schlechten Nachrichten, die sie überbringt und zudem noch schlecht verpackt. Die in der Opposition befindliche wird vorerst noch begünstigt, weil das Pendel der Unzufriedenheit zu ihr schwingt, und zugleich vor den Folgen geschützt, weil das Grundgesetz – wegen Weimarer Erfahrungen – jede Regierung, einmal im Amt, im Sattel festbindet, bis zu den nächsten kalendermäßigen Wahlen. Andernfalls wären längst Neuwahlen fällig. Dann aber hätte eine neue Regierung keine besseren Botschaften zu überbringen. Und was dann? Dann ist der Charme der Opposition verbraucht und mit ihr Hoffnung und Versprechen besserer Zeiten. Dann gerät die Republik von den Flügeln her in eine Belastungsprobe, die man sich, wenn man ruhig weiterträumen möchte vom allsorgenden Sozialstaat, besser nicht ausmalt. Es ist spät, aber noch nicht zu spät. Doch die Politik der kleinen Kombinationen reicht nicht mehr. Es ist die Zeit der großen Stürme.

Der Zustand von Gesellschaft und Wirtschaft, Arbeitsmoral und Bürgersinn ist ernst, so ernst, dass nicht nur die innere Verfassung der Republik in Gefahr gerät, sondern auch die äußere, die europäisch-atlantische. Das Land braucht deshalb nichts Geringeres als eine Revolution von oben mit einem Mandat der Vernunft von unten. Denn wer die Linien von Geburtenstreik und Alterung, der Investitionen, der Elitenflucht, der Nettoverschuldung, der bürokratischen Erstickung und der aus alledem resultierenden großen Mut- und Arbeitslosigkeit verlängert, sieht an ihrem Kreuzungspunkt ein Szenario, das einer Staatskrise verteufelt ähnelt.

Staatskunst ist es, solche Zusammenbrüche beizeiten zu erkennen und ihnen vorgreifend zu begegnen. Dabei kann es nicht ausreichen, an diesen und jenen betriebswirtschaftlichen Stellschrauben zu drehen.

„Il faut faire le travail d'un psychiatre", sagte General de Gaulle, als er 1958 die IV. Republik beerbte: Man muss die Arbeit eines Psychiaters leisten in Richtung aufrechter Gang, Selbstverantwortung, verantwortete Freiheit. Das deutsche Malaise geht tiefer als die Umverteilung West-Ost, Oben-Unten, Staat gegen Steuerzahler, jeder gegen jeden. Es kommt aus der Unbalance des Sozialen und des Marktes, aus Angst vor der Freiheit, aus dem süßen Gift staatsgemachter Abhängigkeit und aus der Betreuungsmentalität der politischen Parteien, die Allzuständigkeit beanspruchen und zugleich daran versagen müssen. Die Betreuten werden unterdessen infantilisiert, bis sie alles von oben erwarten und nur noch Brot und Spiele verlangen – und das Ganze unbezahlbar wird. Auf dieser Reise ist der point of no return nicht mehr weit. Zeit für eine kleine Revolution – spät, aber nicht zu spät.

ARBEITGEBERFORUM
WIRTSCHAFT UND GESELLSCHAFT

BUNDESPRÄSIDENT HORST KÖHLER
Die Ordnung der Freiheit

I.

In Deutschland sind offiziell 5,216 Millionen Menschen arbeitslos. Sie werden daher von mir keine Festrede erwarten. Zur Sache also:

Deutschland ist sich selber untreu geworden. Wir vernachlässigen schon lange das Erfolgsrezept, das der Bundesrepublik Deutschland nach dem Krieg Zuversicht und Wohlstand, Stabilität und Ansehen gebracht hat. Es gab Zeiten, da sprach noch niemand von Globalisierung, aber der VW Käfer lief in aller Welt – und lief und lief und lief. Damals galt in der Bundesrepublik eine Ordnung, die Leistung ermutigte und sozialen Fortschritt brachte. Diese Ordnung ist im Niedergang, weil immer neue Eingriffe sie schleichend zersetzt haben, selbst wenn sie gut gemeint waren. Seit Jahrzehnten fallen Bundes- und Landesregierungen und nicht zuletzt Brüssel immer neue Auflagen und Regulierungen für die Wirtschaft ein, Wirtschafts- und Sozialverbände haben das ihre dazu getan, die Tarifpartner schlossen Verträge zu Lasten von Dritten, und die Bürger ließen sich gern immer neue Wohltaten versprechen und Geschenke machen. Deshalb ist die Arbeitslosigkeit über Jahrzehnte immer weiter gestiegen. Deshalb machen hohe Abgaben Arbeit teuer und können doch nicht verhindern, dass unseren Sozialsystemen der Kollaps droht. Deshalb ist die Massenarbeitslosigkeit auch kein konjunkturelles, sondern vorwiegend ein strukturelles Problem. Das alles spiegelt sich auch im Stand der Schulden und künftigen Lasten wider. Der aktuelle Schuldenstand (1,4 Billionen Euro) und die Anwartschaften in den Sozialversicherungen (5,7 Billionen) belaufen sich auf insgesamt 7,1 Billionen Euro. Das entspricht 330 Prozent des Bruttoinlandsprodukts. Machen wir uns wirklich klar, welche Erblast das für unsere Kinder und Enkel bedeutet?

Vor 50 Jahren hat Ludwig Erhard gesagt: „Erst auf dem Boden einer gesunden Wirtschaft kann die Gesellschaft ihre eigentlichen Ziele erfüllen." Das gilt heute mehr denn je. Und die Welt bleibt nicht stehen. Demokratie und Marktwirtschaft setzen sich immer weiter durch. Wir freuen uns darüber. Es bedeutet freilich einen neuen globalen Wettbewerb um Arbeit und Wohlstand. Zugleich werden wir unerbittlich mit den Folgen des Geburtenrückgangs konfrontiert. Beides zusammen stellt unsere ganze Wirtschafts- und Sozialordnung auf den Prüfstand – ob wir wollen oder nicht. Wir haben eine gewaltige Aufgabe für gestaltende Politik vor uns.

II.

Es sind dicke Reformbretter, die wir bohren müssen. Ein mutiger Anfang ist mit der Agenda 2010 gemacht. Er wird eine positive Wirkung entfalten. Doch wir müssen unseren Menschen ehrlich sagen, dass wir es damit noch nicht geschafft haben. Wir brauchen einen modernen Sozialstaat, der mit einer nachhaltigen öffentlichen Finanzwirtschaft vereinbar ist. Wir brauchen ein effizientes Steuersystem, das Leistung belohnt, aber auch dem Staat gibt, was des Staates ist. Wir brauchen einen nationalen Aufbruch für Bildung, Forschung und Familie, der unserer Gesellschaft Zukunftsglauben und Zusammenhalt gibt. Und wir brauchen die Modernisierung der bundesstaatlichen Ordnung, um die Reformfähigkeit unseres Landes zu stärken.

Das alles erfordert Zeit – über Legislaturperioden hinweg. Taktische Reformpausen wegen Wahlterminen oder einen Zickzack-Kurs können wir uns nicht leisten. Der Schlüssel zum Vertrauen der Bürger sind Wahrhaftigkeit und Stetigkeit, Stimmigkeit und Berechenbarkeit der Politik. Ich begrüße, dass sich Regierung und Opposition in dieser Woche zusammensetzen. Aktionismus hilft nicht. Gefragt sind weitere nachhaltige Maßnahmen gegen die Arbeitslosigkeit. Ich wünsche mir, dass auch die Grundlinien einer umfassenden Erneuerung von Wirtschaft und Gesellschaft besprochen werden. Regierung und Opposition stehen in patriotischer Verantwortung.

III.

Ich bin zutiefst davon überzeugt, dass die nötige Energie, Kreativität und Solidarität in uns stecken. Ich glaube daran, dass die meisten Menschen ihr Glück nach ihren eigenen Vorstellungen machen wollen. Dieser Wille ist gut. Er braucht Freiheit, damit er sich entfalten kann. Und indem er sich entfaltet, bindet er sich auch. Er braucht eine Ordnung, die diese Verantwortung für sich und andere fördert und belohnt. Diese Ordnung der Freiheit sollte uns leiten. Das verlangt eine Rückbesinnung auf Ordnungspolitik.

Die Ordnung der Freiheit bedeutet: Die Bürger beauftragen den Staat, die Spielregeln zu setzen. Aber das Spiel machen die Bürger. Die Regeln lauten: Privateigentum und Vertragsfreiheit, Wettbewerb und offene Märkte, freie Preisbildung und ein stabiles Geldwesen, eine Sicherung vor den großen Lebensrisiken für jeden und Haftung aller für ihr Tun und Lassen. Der moderne Sozialstaat schützt vor Not; aber er gaukelt nicht vor, dem Einzelnen den einmal erreichten Lebensstandard garantieren zu können. Auf diese Regeln muss Verlass sein. Die Bürger müssen wissen, was auf sie zukommt. Ohne Verlässlichkeit kein Vertrauen. Ohne Vertrauen kein Aufschwung.

IV.

Ich habe in den vergangenen Monaten viele Briefe von Bürgerinnen und Bürgern bekommen, die mir verzweifelt von ihrer Suche nach einem Arbeitsplatz berichten. Diese Menschen wollen arbeiten. Angesichts der Lage auf dem Arbeitsmarkt brauchen wir in Deutschland jetzt eine politische Vorfahrtsregel für Arbeit. Was der Schaffung und Sicherung wettbewerbsfähiger Arbeitsplätze dient, muss getan werden. Was dem entgegensteht, muss unterlassen werden. Was anderen Zielen dient, und seien sie noch so wünschenswert, ist nachrangig. Eine solche Grundeinstellung wünsche ich mir von allen, die politische Verantwortung tragen. Dabei müssen wir wissen, dass wir die Massenarbeitslosigkeit nicht schnell überwinden können. Aber wenn die Vorfahrtsregel wirklich beherzigt wird, dann können die

Arbeitslosenzahlen bald wieder sinken. Und zwar dauerhaft. Die Gewerkschaften haben in den letzten Jahren Lohnzurückhaltung geübt. Damit haben sie einen wichtigen Beitrag zur Verbesserung der Wettbewerbsfähigkeit geleistet. Das verdient Anerkennung. Dieser Pfad muss fortgesetzt werden. Aber wir sind bei dem Kernproblem, den zu hohen Lohnnebenkosten, noch nicht wirklich weitergekommen. Sie haben Arbeit in Deutschland so teuer gemacht, dass viele Menschen kaum noch eine Chance auf einen Arbeitsplatz haben. Wissenschaftliche Studien belegen, dass eine Senkung der Sozialbeiträge nachhaltig zu neuen Arbeitsplätzen führt. Am wirkungsvollsten wäre es, die Kosten der sozialen Sicherung völlig vom Arbeitsverhältnis abzukoppeln. Die Lohnkosten sind nicht nur wegen der hohen Sozialabgaben so hoch. Mehr als die Hälfte der Lohnnebenkosten beruht auf Tarifverträgen. Zu lange wurden solche Verträge zu Lasten Dritter abgeschlossen – zu Lasten der Arbeitslosen und der Steuerzahler. Und die Arbeitgeberverbände saßen dabei immer mit am Tisch. Die hohen Lohnnebenkosten sind gerade für die Geringqualifizierten eine unüberwindbare Barriere, einen neuen Arbeitsplatz zu finden. Ich glaube, dass wir das Instrument der Lohnkostenzuschüsse noch nicht ausreichend genutzt haben. Ich weiß, die bisherigen zaghaften Versuche haben nicht die gewünschten Erfolge gebracht. Davon sollten wir uns aber nicht entmutigen lassen, sondern in diesem schwierigen Bereich des Arbeitsmarktes weiter nach Lösungen suchen. Vorschläge hierzu – von der „aktivierenden Sozialhilfe" bis zur „Magdeburger Alternative" – liegen vor. Ich ermutige die Arbeitsmarktpolitiker, diese Modelle zu erproben. Mittlerweile ist anerkannt, dass es zur Sicherung von Beschäftigung vor allem auf Flexibilität ankommt. In dieser Hinsicht hat sich viel getan. Die „atmenden Fabriken" in der Automobilindustrie zum Beispiel zeigen, wie mit intelligenten Arbeitszeitmodellen die Stundenzahl der Nachfrage angepasst werden kann. Solche und andere betriebliche Beschäftigungsbündnisse sorgen für Flexibilität. Darum ist es wichtig, ihren Abschluss zu erleichtern – sei es nun tarifvertraglich oder gesetzlich. Das sichert und schafft Arbeitsplätze und zieht Investoren an.

Und noch etwas: Von den Menschen über 55 haben in Deutschland nur noch 40 Prozent einen Arbeitsplatz, in der Schweiz dagegen sind es fast 70 Prozent. Das kann nicht an den Menschen liegen, denn so verschieden sind Deutsche und Schweizer nun wirklich nicht. Wir können es uns nicht leisten, auf das Wissen und die Erfahrung der Älteren zu verzichten. Es gibt darum insgesamt nur einen vernünftigen Weg: Alle Regelungen für den Arbeitsmarkt, ob gesetzlich oder tariflich, müssen darauf überprüft werden, ob sie Beschäftigung fördern.

V.

Um Wachstum und Beschäftigung nachhaltig zu stärken, brauchen wir auch eine umfassende Steuerreform. Das deutsche Steuersystem ist kompliziert und unübersichtlich. Im aktuellen Länderranking des World Economic Forum belegt es in Sachen Effizienz bei 104 untersuchten Ländern Platz 104. Wir sind in diesem Bereich nicht wettbewerbsfähig. Unser Steuersystem schreckt ab – vor allem Investoren. Es muss von Grund auf überholt werden mit dem Ziel, die Steuersätze zu senken und die Bemessungsgrundlage zu verbreitern. Es gibt genug Erfahrungen, dass sich dadurch die Einnahmesituation des Staates sogar verbessert. Und selbstverständlich braucht der Staat solide Einnahmen.

Unser Staat hat europaweit vor allem die höchsten Unternehmensteuersätze. Zugleich erzielt Deutschland mit diesen Unternehmensteuersätzen im Verhältnis zum Bruttoinlandsprodukt europaweit mit die niedrigsten Einnahmen. Das liegt daran, dass die Großen und die Findigen mit Billigung des Gesetzgebers wenig Steuern zahlen, während die kleinen und mittleren Unternehmer die volle Last zu tragen haben. Diese Betriebe leiden obendrein besonders unter dem bürokratischen Aufwand der Steuerermittlung, zumal sich unser Steuerrecht ständig ändert. Ich halte es deshalb für richtig, im Vorgriff auf eine umfassende Steuerreform mit einer Verbesserung der Unternehmensbesteuerung zu beginnen. Politischen Mut und Hartnäckigkeit brauchen wir aber auch beim Abbau von Subventionen. Viele Studien zeigen, dass hier große Spielräume bestehen. Jüngst hat der Managerkreis der Friedrich-Ebert-Stiftung das Einsparpotenzial auf rund vier Prozent des Bruttoinlandsproduktes beziffert. Eine große Reform unseres Steuer- und Sozialsystems muss an Finanzierungsfragen nicht scheitern.

VI.

Wo immer ich hinkomme, berichten mir Unternehmer, dass die Bürokratie ungezählte Arbeitsplätze kostet. Jemand hat ausgerechnet, dass ein Mittelständler rund 230 Stunden im Jahr nur für Behörden und Statistiken arbeitet. Das heißt: Jedes Jahr geht ihm dadurch betriebswirtschaftlich betrachtet ein ganzer Monat verloren! Der Bund, die Länder und die Europäische Union sollten endlich den Satz von Montesquieu beherzigen: „Wenn es nicht notwendig ist, ein Gesetz zu erlassen, dann ist es notwendig, kein Gesetz zu erlassen." Vielleicht kann es helfen, wenn unabhängige Experten außerhalb der Politik jeden Gesetzentwurf vor der parlamentarischen Beratung daraufhin bewerten, ob er Beschäftigung fördert oder sie hemmt. In jedem Fall sollten alle Anstrengungen unternommen werden, um den Bürokratieabbau endlich wirksam voranzutreiben. Der Kampf gegen die Bürokratie richtet sich nicht allein gegen Behörden. Oft steht der Gegner in den Reihen derer, die eigentlich vom Bürokratieabbau profitieren sollten. Kenner der Verfahren sagen, dass der Einfluss der Wirtschaftsverbände auf die Gesetzgebung eine der Hauptursachen für komplizierte und unverständliche Gesetze ist. Es kehre also jeder vor seiner eigenen Tür.

VII.

Niedrigere Arbeitskosten, ein flexibler Arbeitsmarkt, ein vernünftiges Steuersystem und deutlich weniger Bürokratie: All das wird uns helfen, unsere Wettbewerbsfähigkeit weiter zu verbessern. Aber gerade weil wir das Lohnniveau in Deutschland nicht auf das von Polen oder China absenken wollen und können, braucht eine Strategie für mehr Arbeit in Deutschland noch ein zweites Standbein, und das sind Innovationen. Dafür sind Bildung, Wissenschaft und Forschung der Schlüssel.

Ein Land der Ideen habe ich es genannt – andere nennen es Wissensgesellschaft: Nur mit ständig erneuertem Wissen, das wir schnell in Entwicklung und Produktion umsetzen, werden wir uns in der Welt der Globalisierung behaupten. Wir müssen um so viel besser sein, wie wir teurer sind. Wir brauchen Lehrer, die darauf brennen, ihren Schülern etwas beizubringen – und Schüler, die sich begeistern lassen. Wir brauchen Eltern, die ihre Kinder zur Wissbegierde erziehen und auch einmal verstehen, wenn nach dem Experimentieren der Teppich ein Loch hat. Wir brauchen Ausbilder, die Freude daran wecken, ein Handwerk wirklich zu beherrschen. So kommen solides Wissen und kritisches Denken, Neugier und Experimentierfreude in die Welt. Dafür liefert unser Bildungssystem heute nicht mehr die Grundlage. Fast neun Prozent aller Schülerinnen und Schüler – das sind jährlich rund 85.000 – bleiben ohne Abschluss. Unternehmer klagen darüber, dass immer mehr Bewerber nicht richtig rechnen und schreiben können. Unsere Schulen und Universitäten sind im internationalen Vergleich bloß noch Mittelmaß. Wie lange wollen wir noch zusehen? Dabei gibt es doch über die nötigen Änderungen im Bildungsbereich wachsende Einigkeit: früheres Lernen, mehr individuelle Förderung, vergleichbare und international anerkannte Bildungsstandards, mehr Wettbewerb und Autonomie der einzelnen Schulen und Universitäten, Förderung in der Breite und an der Spitze, lebenslanges Lernen. Umso unverständlicher ist der fortwährende Kompetenzstreit in Fragen von Bildung, Wissenschaft und Forschung zwischen Bund und Ländern. Und erst recht kann mir niemand begreiflich machen, dass an diesem Streit die Föderalismusreform scheitern soll. Unser Land braucht bei Bildung, Wissenschaft und Forschung keine Querelen, sondern rasches Handeln.

VIII.

Deutschland hat sich vorgenommen, dass Staat und Wirtschaft spätestens ab dem Jahr 2010 insgesamt drei Prozent des Bruttosozialproduktes für Forschung und Entwicklung ausgeben. Wie ich höre, ist sehr zweifelhaft, ob dieses Ziel erreicht wird. Das ist ein Alarmsignal, denn im Grunde brauchen wir deutlich mehr als diese drei Prozent, und das möglichst rasch. Stattdessen fallen wir ausgerechnet im Bereich Forschung und Entwicklung zurück. Die Ausgaben der öffentlichen Hand sinken, und die der deutschen Wirtschaft stagnieren.

1991 standen wir im internationalen Vergleich auf Platz drei. Heute sind wir auf Platz acht. Das muss doch für die Politik dringender Anlass sein, ihre Prioritäten zu überprüfen. Sie muss auch die Rahmenbedingungen für die Innovationstätigkeit insbesondere im Mittelstand – vom Risikokapital bis zu den Genehmigungsbedingungen – neu bewerten, damit wirklich alles für die Schaffung von Arbeitsplätzen geschieht. Aber auch die Unternehmer müssen sich hier viel mehr anstrengen. Wir alle kennen Unternehmen, die dank unermüdlicher Innovation in ihren Branchen Technologie- und Marktführer sind. Aber es gibt zu wenige davon. An die Spitze kommt man nicht im Schlafwagen. Erfolgreiche Unternehmer suchen den Wettbewerb und wollen auch international die Besten sein. Sie wissen: Innovationen sind ihr Lebens-, ja Überlebenselixier. Aber immer noch bringen es hierzulande zu wenige gute Ideen bis zur Marktreife. Nur jedes zehnte Patent wird tatsächlich genutzt. Das ist nicht allein eine Folge schlechter Rahmenbedingungen. Offenbar versandet so manches auch in den Unternehmen. Wenn sich das ändern soll, muss Innovation uns begeistern, und diese Begeisterung muss das ganze Unternehmen erfassen, von der Chefetage bis in die Werkshalle. So hat es Thomas Alva Edison schon vor hundert Jahren gefordert: „Erfindet alle zehn Tage eine kleine Sache – und alle sechs Monate ein großes Ding."

IX.

Ich sage das nicht, um Unternehmerschelte zu betreiben. Ich sage es, weil es mir um die Hauptaufgabe von Unternehmen und Betrieben geht, und die ist: am Markt erfolgreich zu sein und Gewinne zu machen. Das verdient immer wieder klar gesagt zu werden. In Deutschland gilt es zuweilen als moralisch verdächtig, Gewinn zu machen. Das ist falsch. Wer als ordentlicher Unternehmer Gewinne erzielt, der hat andere von seiner Leistung überzeugt und ihnen geholfen. Und nur wer Gewinne erwirtschaftet, kann den Fortbestand seines Unternehmens durch Investitionen sichern, seine Mitarbeiter weiterbeschäftigen und zusätzliche Arbeitsplätze schaffen. Gerade erfolgreiche Unternehmer wissen, wie wichtig ein offenes Betriebsklima und ein partnerschaftlicher Umgang mit den Mitarbeitern sind. Wer auf das private Umfeld seiner Mitarbeiter achtet und ein familienfreundliches Klima schafft, der fördert Engagement und Loyalität, und auch das zahlt sich aus.

Manche Unternehmen machen stattliche Gewinne, investieren aber nicht, weil sie zu wenig Vertrauen in den Standort Deutschland haben. Denen sage ich: Ihr solltet die Stärken dieses Standorts nicht gering schätzen. Und was seine Schwächen angeht: An denen arbeitet Deutschland.

X.

Vertrauen wir also auf unser Land und arbeiten wir alle an dem großen Reformwerk mit. Wir haben das Zeug dazu, die Ordnung der Freiheit gemeinsam wieder aufzubauen. Wir schaffen es, wenn jeder mitmacht. Ich spüre überall: Die Menschen sind bereit, mitzuziehen.

John F. Kennedy hat oft Cape Canaveral besucht. Es wird erzählt, er habe dabei einmal einen Arbeiter angesprochen, der gerade eine Halle fegte. „Was ist Ihr Job?", fragte er ihn. Der Arbeiter antwortete: „Einen Menschen auf den Mond bringen, Mr. President". Mancher mag darüber lächeln. Mich beeindruckt die Kraft, die hinter dieser Antwort steckt.

MARTINA FIETZ

Bilanz des Kolloquiums

Wir leben in einer Phase des Umbruchs. Die einst prosperierenden Industrienationen der ersten Welt werden alt. Sie stehen jungen, aufstrebenden Volkswirtschaften der Dritten Welt mit einem enormen Potenzial an dynamischer Arbeitskraft gegenüber. Gesellschaften mit teuren Sozialsystemen – wie die deutsche – befinden sich in einem Konkurrenzverhältnis zu Arbeitskräften, die für einen Bruchteil des Lohnes aktiv sind. Und die Weltwirtschaft sortiert sich neu, was zu großen Wanderungsbewegungen der Produktionsstätten führt.

Deutschland hat zu spät begonnen, auf diese Herausforderungen zu reagieren. Jahrzehntelang glaubte man an den Fortbestand des Wirtschaftswunders, baute dann auf die Illusion der „New Economy" und wachte erst zu einem Zeitpunkt auf, zu dem viele unserer Nachbarn lange fällige Reformen in der Sozialstruktur und auf den Arbeitsmärkten bereits abgeschlossen hatten. Nun ist die Stimmung auf dem Nullpunkt. „Tut etwas", forderte die „Bild"-Zeitung, als die Zahl der Arbeitslosen zum Jahresbeginn die Fünf-Millionen-Marke übersprang. Nur: Wer soll etwas tun – und was? Die Forderung des Boulevards suggeriert die Existenz einfacher Lösungen. So als sei nur ein wenig guter Wille erforderlich, als brauche das Land nur etwas mehr patriotisches Bewusstsein der Unternehmer, und nach einem gemeinsamen Kraftakt und dem Drehen an einigen Stellschrauben springe der Konjunkturmotor an, stiegen Wachstum und Beschäftigung. So simpel funktioniert Ökonomie nicht – die nationale nicht, die globale schon gar nicht. Das war den Teilnehmern des 43. Kolloquiums der Walter-Raymond-Stiftung natürlich bewusst, weshalb sie sich nicht mit plakativen Lösungsvorschlägen aufhielten. Gleichwohl blieb im Blick, dass notwendige Strukturveränderungen auch vermittelt werden müssen, die Politik es somit ungleich schwerer hat als der wissenschaftliche Sachverstand.

Das diesjährige Kolloquium fand zu Beginn einer Woche statt, in der sich die Republik intensiv mit der Bekämpfung der Arbeitslosigkeit beschäftigte: Bundespräsident Horst Köhler mahnte im Berliner „Haus der Deutschen Wirtschaft" die „politische Vorfahrtsregel für Arbeit" an. Bundeskanzler Gerhard Schröder versprach bei einer Regierungserklärung im Bundestag weitere kleinere Reformschritte, und die Spitzen von CDU und CSU, Angela Merkel und Edmund Stoiber, sagten im so genannten Job-Gipfel mit dem Kanzler zu, die Opposition werde bei Steuersenkungen, Bürokratieabbau und Impulsen für den Arbeitsmarkt kooperieren. Die Mahnungen des Staatsoberhauptes und die Bemühungen der Politiker bestimmten tagelang die Schlagzeilen. Nach diesem Aufflammen bestätigte sich allerdings schon bald die Prognose von Paul Nolte aus seiner Dinner-Speech zum Auftakt des Kolloquiums: Eine Perspektive für die Reformen werde aus diesen Aktionen „ebenso wenig erwachsen wie eine Offensive im Handeln".

Geht es nach dem Professor für Geschichte von der International University in Bremen, so ist zunächst einmal ein Umdenken in der Gesellschaft erforderlich, um überhaupt eine Akzeptanz für Reformen zu finden. „Wir müssen aufhören, uns nur als gefährdet und schutzbedürftig zu verstehen, als Opfer einer unbegreiflichen Politik und eines noch unbegreiflicheren Marktgeschehens." Tatsächlich betrachtet die Mehrheit der Bevölkerung die gegenwärtige Krise nicht als Chance für einen Neuanfang, sondern als Risiko. Nach Erhebungen des Instituts für Demoskopie in Allensbach erwarten 73 Prozent der Bevölkerung härtere Zeiten. Die Mehrheit rechnet mit einer spürbaren Verschlechterung des Lebensstandards. Vier Fünftel geht von weiteren massiven Kürzungen der Sozialleistungen aus. 65 Prozent fürchten die fortgesetzte Abwanderung von Unternehmen und Branchen, 55 Prozent eine Zunahme der Arbeitslosigkeit. Ein in Zahlen gegossener Verlust an Vertrauen und Zuversicht.

Nolte, der als Vordenker eines neuen Konservativismus gesehen wird, spricht von wachsender Skepsis gegenüber dem System: „Wir stellen jetzt, in einer Krisen- und Übergangssituation, fest, dass die Überzeugung von der Überlegenheit einer Marktwirtschaft in den ersten Nachkriegsjahrzehnten nicht so tiefe Wurzeln in der deutschen Mentalität geschlagen hat, wie wir das unter den Bedingungen der teils echten, teils geborgten Prosperität geglaubt hatten." Der 1963 geborene Wissenschaftler sieht die Ursache dafür darin, dass der überwiegende Teil der Deutschen sich nicht als Mitglied der Wirtschaftsgemeinschaft fühle, sondern mit „Wirtschaft" immer eine Klasse aus Unternehmern, Managern und Reichtum verbinde, die es darauf anlege, „die Mehrheit in diesem Land übers Ohr zu hauen". Die politische Debatte kurz nach dem Kolloquium hat Nolte in seiner These bestätigt: Die mit Unternehmerschelte gepaarte Kapitalismus-Kritik des SPD-Vorsitzenden Franz Müntefering stieß bei weiten Teilen der Bevölkerung auf Zustimmung. Das Bild von den Heuschreckenschwärmen, die über die deutsche Wirtschaft herfielen, traf vielfach die Befindlichkeit, die von einem Gefühl der Ohnmacht dominiert zu sein scheint. An der grundsätzlichen Skepsis gegenüber der Wirtschaft sei die Politik allerdings nicht unschuldig, befand Nolte bei dem Kolloquium und damit vor der Müntefering-Attacke: „In den letzten Jahren, angesichts enger werdender Verteilungsspielräume, angesichts neuartiger sozialer Notlagen, aber fraglos auch wegen grundsätzlicher Präferenzen der derzeitigen Bundesregierung, ist die Tendenz gewachsen, die Bürgerinnen und Bürger vor den Zumutungen der Wirtschaft in Schutz zu nehmen, ihnen den eisigen Wind des Marktes nicht ins Gesicht wehen zu lassen." Nach der Analyse Noltes wird der Bürger zur Unmündigkeit gezwungen. Der Historiker nannte konkret die Planungen für ein Antidiskriminierungsgesetz und den Verbraucherschutz. Die Politik agiere „unter der Prämisse, dass die Wucherungen des Marktes politisch und rechtlich im Zaume gehalten werden müssten, damit Bürger ihre Freiheit wahrnehmen können – nicht im Markt, sondern im staatlichen Schutz vor dem Markt". Nötig ist nach Ansicht des Wissenschaftlers aber nicht die weitere Überregulierung von Marktentwicklungen, sondern eine „ökonomische Alphabetisierung", eine Erziehung zu ökonomischer Verantwortungsfähigkeit, was allerdings eine Kraftanstrengung erfordere. Nolte führte damit zu einem frühen Zeitpunkt des Kolloquiums zu einer Position, die sich durch Vorträge wie auch Diskussionsbeiträge ziehen sollte: Das Land brauche weniger staatliche Bevormundung – und zwar auf allen Ebenen.

Wolfgang Wiegard, Professor am Institut für Volkswirtschaftslehre an der Universität Regensburg, lieferte die Stichworte, die seit längerem die Debatte bestimmen und mit zunehmender Beunruhigung der Arbeitnehmer einhergehen: mehr Flexibilität, Lockerung des Kündigungsschutzes, Novellierung des Betriebsverfassungsgesetzes. Im Gegensatz zu der gern verbreiteten Illusion, damit seien bereits beträchtliche Erfolge im Kampf gegen die Arbeitslosigkeit zu erzielen, räumte Wiegard ein, diese Maßnahmen brächten auf keinen Fall eine Halbierung der Arbeitslosenzahlen. Wolle man hier eine nennenswerte Absenkung erreichen, müsse vor allem ein Niedriglohnsektor geschaffen werden. 50 Prozent der Langzeit-Arbeitslosen gehörten zu den gering Qualifizierten. „Diese Personen sind die Verlierer der Globalisierung." Denn deutsche Unternehmen produzierten im Niedriglohnbereich längst im Ausland. Notwendig sei es darum, eine Absenkung der Marktlöhne und – um die Idee der sozialen Marktwirtschaft nicht auszuhebeln – eine Regelung für Hinzuverdienstmöglichkeiten zu staatlichen Leistungen zu schaffen. 1,5 bis 1,6 Millionen Menschen könnten so in den Arbeitsmarkt wieder integriert werden, sagte der Ökonomie-Professor, der auch Mitglied im Sachverständigenrat zur Begutachtung der gesamtwirtschaftlichen Entwicklung ist. Mit Blick auf die dabei absehbare heftige Auseinandersetzung mit den Gewerkschaften räumte er jedoch ein: „Das ist nichts für verzagte politische Geister."

Auch Norbert Berthold, Professor für Volkswirtschaftslehre an der Universität Würzburg, wies in Richtung eines funktionierenden Niedriglohnsektors. Er wandte sich in diesem Zusammenhang gegen das in Deutschland dominante Einheitsdenken und plädierte für dezentrale Regelungen. Der Mindestlohn solle sich an den örtlichen Gegebenheiten orientieren. „Es wird keine Lösungen aus einem Guss mehr geben. Wir müssen stattdessen versuchen, in regionalen Experimenten die Probleme anzugehen." Gerade im Zuge der Globalisierung sei es für den Nationalstaat immer schwieriger, allumfassende Rahmenbedingungen zu setzen. Darum seien die Regionen zu stärken. Diese will Berthold in die Lage versetzt sehen, entsprechend dem Bedarf vor Ort handeln zu können. Grundsätzlich gilt auch für ihn, dass das Arbeitspotenzial in Deutschland nicht genügend ausgeschöpft werde, weil die Arbeitskosten zu stark belastet seien. „Wir müssen besser, billiger und schneller werden."

Die Frage nach dem „Wie“ wurde eingehend diskutiert. Als aussichtsreich galt ein flexibles System aus Kündigungsschutz und Abfindung: Wer mehr Sicherheit wünsche, erhalte weniger Lohn. Wer mehr Lohn favorisiere, müsse auf lange Kündigungsschutzfristen verzichten. So könnte nach Meinung einiger Diskutanten auch der Tatsache Rechnung getragen werden, dass junge Menschen, die in der Phase der Familiengründung mehr Geld benötigten, auch mehr verdienen, während Ältere, die verstärkt Sorge hätten, im Falle einer Kündigung keinen neuen Arbeitsplatz zu finden, auf mehr Absicherung setzen könnten.

Der regionale Wettbewerb im Sinne Bertholds beschäftigte das Kolloquium lange. Denn als ein Grundübel deutscher Reformunfähigkeit wurde der Föderalismus gesehen. Anke Hassel vom Lehrstuhl für Soziologie der International University in Bremen, warnte allerdings davor, den Föderalismus schlecht zu reden. Seit Bestehen der Bundesrepublik sei er als Vorteil des Systems betrachtet und noch anlässlich des fünfzigjährigen Bestehens des Grundgesetzes hoch gelobt worden. Der Föderalismus sei das am stärksten ausgeprägte Konsensinstrumentarium der Republik und habe genau deshalb stets stabilisierende Wirkung gehabt. Dass das System in jüngster Zeit auf wachsende Skepsis stoße, liegt für sie an der damit einhergehenden Langwierigkeit der Prozesse. Diese führten zu Stagnation, wenn schnelles und konsequentes Handeln gefordert sei.

Um die Handlungsfähigkeit der Politik zu steigern, müsse darum versucht werden, die Konsenserfordernisse im politischen Prozess zu reduzieren. Doch auch da warnte die Professorin vor falschen Schlüssen: „Solange wir uns jedoch in konsensorientierten politischen Institutionen befinden, wird es unmittelbar darauf ankommen, die Konsensbereitschaft der wesentlichen Akteure zu erhöhen. In diesem Sinne kommt es auf mehr Konsens an – nicht auf weniger.“

Doch auch nach der Analyse von Dominik Geppert vom Deutschen Historischen Institut in London ist dieser Zwang zum Konsens ein wesentliches Hemmnis im deutschen Reformprozess. Deshalb hält Geppert im Grunde auch die Debatte für verfehlt, Deutschland müsse einen Weg wie Großbritannien unter Margret Thatcher gehen.

Der Regierungschef in London sei mit viel weitergehenden Befugnissen ausgestattet als der Bundeskanzler. Im Gegensatz zu dem britischen sei das deutsche System auf die Verhinderung der Konfrontation ausgerichtet. Nötig seien hierzulande breite Bündnisse und Kompromissfindung, was letztlich allerdings zu „reformerischem Stückwerk und Kuhhandel" führe. „Die deutsche Verhandlungsdemokratie belohnt nicht den großen Wurf, die durchgreifende Reform oder die Umsetzung der reinen ordnungspolitischen Lehre. Erfolg versprechen vielmehr der kluge Kompromiss, die Einigung auf den kleinsten gemeinsamen Nenner, das Schmieden möglichst weit gefasster Bündnisse zum Zwecke größtmöglicher Stabilität."

Zum Zeitpunkt des Kolloquiums war zwar absehbar, dass nach ihrem Scheitern im Jahr zuvor ein weiterer Anlauf für die Reform des Föderalismus unternommen werden sollte. Dass eventuelle Ergebnisse allerdings durchschlagenden Erfolg bringen würden, galt in der von der Walter-Raymond-Stiftung geladenen Runde als zweifelhaft. Dies vor allem deshalb, weil die Kommission eine Neuordnung des Bund-Länder-Finanzausgleichs von vornherein ausgeschlossen hatte. Die Diskussion kreiste lange um die Frage, ob ein Wettbewerbsföderalismus das Ziel sein müsse. Die Länder wollten keinen Wettbewerb im Bereich der Finanzverfassung, und die Bevölkerung akzeptiere keine grundlegenden Unterschiede in den Lebensverhältnissen zwischen Nord und Süd, hieß es auf der einen Seite. Das wollten andere, wie Wolfgang Wiegard, nicht hinnehmen: Man müsse nicht zwangsläufig akzeptieren, dass die Länder gegen steuerrechtlichen Wettbewerb seien. Schließlich könnten daraus positive Effekte erwachsen, die auch kleineren und bislang finanzschwächeren Ländern neue Chancen eröffneten. Doch auch wenn er grundsätzlich als wünschenswert angesehen wurde, durchsetzungsfähig erschien der Wettbewerbsföderalismus den wenigsten. Ähnlich verhielt es sich mit der Reform des Steuersystems. Eine Reihe von Rednern plädierte für eine Neuregelung der Unternehmensbesteuerung, konkret für die Neutralität der Besteuerung. Wiegard fasste die Kritikpunkte zusammen: Deutschland habe den höchsten effektiven Durchschnittssteuersatz. Das Problem gründe vor allem in der unterschiedlichen Besteuerung von Personen- und Kapitalgesellschaften. 87 Prozent der deutschen Unternehmen seien Personengesellschaften und Einzelunternehmen, die Einkommensteuer entrichten müssten, nur 13 Prozent zahlten Körperschaftssteuer. Es sei eine „Schwachstelle des Systems", dass Personen- und Kapitalgesellschaften sowie Gewinne unterschiedlich behandelt würden.

In der Diskussion tauchte immer wieder das slowakische Modell auf, wonach für Arbeit, Kapital und Konsum jeweils ein Steuersatz von 19 Prozent erhoben wird. Auch in Deutschland müsse die Besteuerung von Arbeit und Kapital wieder näher zueinander rücken, lautete die Forderung. Dann aber kamen auch skeptische Stimmen: „Glauben wir ernsthaft, dass eine Unternehmenssteuerreform in der Öffentlichkeit durchsetzbar ist?" Und: „Es ist unrealistisch, von Politikern zu erwarten, dass sie nicht ihren Machterhalt im Blick haben." So kam auch das hochkarätig besetzte Kolloquium letztlich zu der Frage nach der Durchsetzbarkeit notwendiger Reformen. Die Politiker zögerten nicht zuletzt wegen der starken Zukunftsängste ihrer Wähler, lautete die Analyse. Wenn man etwas aus dem britischen Modell lernen könne, so Geppert, dann die Tatsache, dass es sich bei dem dortigen Reformprozess nicht um ein kurzes „Augen zu und durch" gehandelt habe, nicht um eine einmalige, geballte Kraftanstrengung. Elfeinhalb Jahre habe das Reformprojekt gedauert und sei „ein langer, schmerzhafter Prozess" gewesen. Zähes Ausdauern der Reformpolitiker sei somit nötig, Rückschläge müssten einkalkuliert werden. Am Ende aber zeige das demokratische System enorme Anpassungsfähigkeit.

Einig waren sich die Diskutanten, dass angesichts der bestehenden Verunsicherung in weiten Teilen der Bevölkerung die Rhetorik der politisch Verantwortlichen wegkommen müsse von apokalyptischen Szenarien. Stattdessen sei der Sinn von Reformen stärker zu erläutern und verstärkt auf die Chancen für mehr Gerechtigkeit hinzuweisen. Doch wer konkret kann das tun? Professor Michael Stürmer sieht niemanden, der dazu in der Lage wäre. Ludwig Erhard, Helmut Schmidt seien Kanzler gewesen, die für ihre Überzeugungen standen und auch fielen. „Das aber erfordert Eigenschaften, die in der Spaßgesellschaft knappe Güter wurden: Klugheit und Verantwortungsgefühl, Überzeugungskraft und Mut. Die Staatskrise ist Gesellschaftskrise, und die Gesellschaftskrise ist Wertekrise", sagte der Historiker. Doch nicht nur, dass die heute aktiven Politiker wenig Überzeugungskraft besäßen. Für Stürmer steht gegenwärtig das System auf dem Prüfstand: „Der Sozialstaat ist an die Stelle der Staatsräson getreten. Seine Krise erschüttert die demokratische Lebensform." Denn schließlich könnten auch Republiken zugrunde gehen. „Es gibt für die Demokratien von heute keine Bestandsgarantie, sowenig wie für die Monarchien von ehedem", zeigte sich der Historiker Stürmer skeptischer als sein jüngerer Kollege Geppert.

Was Stürmer in dem letzten Referat des Kolloquiums als Wertekrise bezeichnete, war zuvor in den Diskussionen des Forums bereits angeklungen. Deutschland hat Probleme mit dem eigenen Selbstverständnis. Auch wenn das Recht auf Arbeit nicht im Grundgesetz verankert ist, es wird als Grundrecht empfunden. Die hohe Arbeitslosigkeit wie auch die Krise der Sozialsysteme lassen jedoch die Ohnmacht des Staates erkennen und zugleich den Respekt vor dem Wert des Staates schwinden. „Die Demokratie beruht auf dem Staatsvolk. Wenn das Staatsvolk aber beschäftigungslos ist, wie soll dann die Demokratie funktionieren?", fragte Peter Badura, Professor für öffentliches Recht, Rechts- und Staatsphilosophie an der Universität München. Wie viel Sozialstaat ist nötig, um die Demokratie zu festigen? Der Schlüsselbegriff zu dieser Frage heißt „Grundsicherung". Denn die Diskutanten waren sich einig, dass auf die Zeiten des ungehemmten Konsums staatlicher Leistungen äußerst knappes Haushalten folgen müsse. Doch selbst mit stark reduzierten Sozialausgaben und genereller Haushaltsdisziplin lassen sich die öffentlichen Kassen nicht sanieren. Nötig sei wirtschaftliche Belebung, war allgemeiner Konsens. Wie gelangt man jedoch zu dem lang ersehnten Aufschwung? Gewiss nicht mit Verzagtheit und übergroßer Vorsicht, lautete die Botschaft.

Edward Krubasik, Mitglied im Zentralvorstand der Siemens AG, nannte als zentrale Forderung den Aufbau einer globalen Unternehmenskultur. Deutschland müsse mit innovativen Produkten und moderner Dienstleistung auf den Wachstumsmärkten vertreten sein, also in den USA, in Asien, Indien und in Osteuropa. Unternehmen hätten sich zum Ziel zu setzen, in jedem Industrie-Segment weltweit Spitzenpositionen zu erarbeiten. Dazu gehöre eine strategische Konsolidierung, das heißt, bestimmte Unternehmen müssten gekauft werden, aus anderen

Unternehmensbereichen müsse man sich gegebenenfalls zurückziehen. Präsenz vor Ort sei dabei unerlässlich, nicht zuletzt um den Druck der Kundenwünsche zu spüren.

Der Manager warnte zugleich vor der Vorstellung, neues Engagement auf dem Weltmarkt könne zu Hause alles beim Alten belassen. „Deutschland muss erstes Anwendungsgebiet für neue Technologien sein", forderte Krubasik. Als ein Beispiel nannte er den Streit um den Transrapid. Es sei „tödlich" für die deutsche Wirtschaft, dass er nicht in Deutschland fahre. Als „deutsches Dilemma" bezeichnete er die übergroße Angst vor allem Neuen. Dabei setzte er den jahrelangen Streit um die Kernkraft auf eine Stufe mit der aktuellen Debatte um die Frage, welche Grenzen der Biotechnologie zu setzen seien.

Darüber hinaus betonte Krubasik, mehr Menschen müssten zum Schritt in die Selbstständigkeit motiviert werden. Das allerdings setze einerseits einen Rückzug der staatlichen Regelungswut voraus und erfordere darüber hinaus bessere Bildung. Angesichts der Vielzahl der anwesenden Professoren kam in den Diskussionen des Kolloquiums immer wieder die Lage an den Hochschulen zur Sprache. Dabei war eine weit verbreitete Skepsis gegenüber den neuen Bachelor-Studiengängen spürbar. Es sei fraglich, ob es den Kompetenzen der Absolventen und damit dem Standort Deutschland diene, wenn zunehmend fünfjährige Ausbildungsgänge auf drei Jahre reduziert würden. Darüber hinaus litten – ebenso wie die Wirtschaft – auch die Universitäten an einem Übermaß an Regulierung, das es den Lehrenden immer schwerer mache, sich auf ihre Kernaufgaben zu konzentrieren. Doch so sehr die deutsche Neigung zur detaillierten Regelung in der Kritik ist, sie hat auch Vorteile, wie in der Diskussion anklang. Die Rechtssicherheit, die der Standort Deutschland gewähre, sei nicht zu unterschätzen, betonte ein Mittelständler in der Runde. Auf diesem Gebiet gebe es gerade in Osteuropa noch enorme Defizite. Für den Standort Deutschland spreche, auch das wurde in der Diskussion immer wieder deutlich, gerade im Vergleich zu den östlichen EU-Beitrittsländern auch das vergleichsweise geringe Korruptionspotenzial.

Es lag bei Eckart John von Freyend, Sprecher des Vorstandes der Walter-Raymond-Stiftung, der problembeladenen Debatte ein positives Element hinzuzufügen. Das Ausland sei fasziniert von den Veränderungen, die in Deutschland mit der Reform des Arbeitsmarktes und der Sozialsysteme in Angriff genommen worden seien, sagte er. Und es stehe auch ausländisches Kapital bereit, um hierzulande investiert zu werden.

Es fehlt also offenbar nur die Initialzündung. Könnte ein Regierungswechsel im Bund sie auslösen? Michael Stürmer sprach dem versammelten Sachverstand offensichtlich aus dem Herzen, als er formulierte, auch eine neue Regierung hätte keine besseren Botschaften zu überbringen und dann sei „der Charme der Opposition verbraucht und mit ihr Hoffnung und Versprechen besserer Zeiten".

„Il faut faire le travail d'un psychiatre", man müsse die Arbeit eines Psychiaters leisten, zitierte Stürmer General de Gaulle und fasste damit die Essenz der lange diskutierten wirtschafts- und steuerpolitischen Details und politischen Strategien zusammen: Deutschland muss die Veränderung akzeptieren. Die ausgeprägten Sicherheiten, die der Staat lieferte, sind in der Zukunft nicht mehr zu gewährleisten. Diese Einsicht darf jedoch nicht zu Resignation führen, sondern muss Eigeninitiative und Engagement stärken. Das kann nicht von heute auf morgen geschehen und auch nicht von jedermann in der Gesellschaft geleistet werden. Gefordert sind die, die Verantwortung übernehmen können. Nötig ist eine neue Bürgergesellschaft.

ANHANG

REFERENTEN

Prof. Dr. Norbert Berthold

1952	geboren in Freiburg/Breisgau
1973 – 1977	Studium der Volkswirtschaftslehre an der Universität Freiburg
1980	Promotion zum Dr. rer. pol. (Freiburg)
1986	Habilitation
1987 – 1990	Professur für Volkswirtschaftslehre an der Universität Hamburg
seit 1990	Professur für Volkswirtschaftslehre an der Universität Würzburg
seit 1995	Mitglied des wissenschaftlichen Beirats beim Bundesministerium für Wirtschaft und Arbeit

Martina Fietz

1959	geboren in Oberhausen
1979 – 1984	Studium der Geschichte, Publizistik und Politikwissenschaften an der Ruhr-Universität in Bochum
	Während des Studiums Tätigkeit als Freie Journalistin für die Neue Ruhr/Neue Rhein Zeitung, für WDR und ZDF
1985 – 1999	Volontärin, Redakteurin, stellvertretende Ressortleiterin für Auslandsreports bei der Tageszeitung „Die Welt" und als Parlamentarische Korrespondentin der Zeitung in Bonn
1999 – 2001	Aufbau und Leitung des Hauptstadtbüros der Zeitschrift „Bunte" in Berlin
2001 – 2003	Chefkorrespondentin der Zeitung „Welt am Sonntag"
seit 2004	Parlamentarische Korrespondentin des Magazins „CICERO"

Dr. Dominik Geppert

1970	geboren in Freiburg/Breisgau
1990 – 1996	Studium der Geschichte, der Philosophie und der Rechtswissenschaften an der Universität Freiburg/Breisgau und an der FU Berlin
2000	Promotion zum Dr. phil. (Berlin)
seit November 2000	Research Fellow am Deutschen Historischen Institut, London; dort Arbeit an dem Habilitationsprojekt: „Massenpresse und Geheimdiplomatie in Deutschland und England, 1890-1914“

Prof. Dr. Anke Hassel

1965	geboren in Altenkirchen/Westerwald
	Studium der Soziologie, Politikwissenschaft, Volkswirtschaft und Rechtswissenschaft an den Universitäten Bonn und London
1990	MSc in Industrial Relations and Personnel Management, London School of Economics
1998	Promotion in Sozialwissenschaften an der Ruhr-Universität Bochum
2003	Habilitation in Soziologie an der Ruhr-Universität Bochum
Februar 2004	Antrittsvorlesung an der Ruhr-Universität Bochum
seit August 2004	Lehrstuhl für Soziologie an der International University Bremen

Bundespräsident Prof. Dr. Horst Köhler

1943	geboren in Skierbieszów, Polen
1963	Abitur in Ludwigsburg
1965 – 1969	Studium der Wirtschaftswissenschaften an der Universität Tübingen
1969 – 1976	wissenschaftlicher Referent am Institut für Angewandte Wirtschaftsforschung, Tübingen
1977	Promotion zum Dr. rer. pol. an der Universität Tübingen
1976 – 1989	in verschiedenen Funktionen im Wirtschafts- und Finanzministerium tätig
1990 – 1993	Staatssekretär im Bundesfinanzministerium; persönlicher Beauftragter des Bundeskanzlers („Sherpa") bei der Vorbereitung der G7-Wirtschaftsgipfel in Houston, London, München und Tokio
1993 – 1998	Präsident des Deutschen Sparkassen- und Giroverbandes
1998 – 2000	Präsident der Europäischen Bank für Wiederaufbau und Entwicklung, London
2000 – 2004	Geschäftsführender Direktor des Internationalen Währungsfonds (IWF) in Washington, D. C.
2003	Ernennung zum Honorarprofessor der Universität Tübingen
4. Mai 2004	Wahl zum Bundespräsidenten der Bundesrepublik Deutschland

Prof. Dr. Edward Krubasik

1944	geboren in Wien

Ausbildung
Studium der Physik an der Universität Erlangen-Nürnberg
Promotion zum Dr. rer. nat. in Kernphysik an der Universität Karlsruhe
MBA am European Institute for Business Administration (INSEAD)

Beruflicher Werdegang

1966	Universität Erlangen-Nürnberg, Institut für Experimentalphysik, Forschungsmitarbeiter
1968	Universität Karlsruhe, Institut für Theoretische Kernphysik, Assistent
1971	Stanford Linear Accelerator Center, Kalifornien/USA, Research Associate
1973	McKinsey & Co., Inc., Engagement Manager, Principal und Director (Senior Partner) in Düsseldorf, New York und München, Leiter der Beratungspraxis für Innovations- und Technologiemanagement, Leiter des Europäischen Electronic-, Telecom- und Aerospace-Sektors
1997	Mitglied des Zentralvorstandes der Siemens AG
2000	Honorarprofessor und Lehrbeauftragter der Technischen Universität München
2002	Vizepräsident des Zentralverbandes der Elektrotechnik- und Elektronikindustrie e. V.
2004	Präsident des Zentralverbandes der Elektrotechnik- und Elektronikindustrie e. V.

Prof. Dr. Paul Nolte

1963	geboren in Geldern
	Studium der Geschichtswissenschaft und der Soziologie an den Universitäten Düsseldorf, Bielefeld und Baltimore/USA
1987	M.A., Johns-Hopkins-University, Baltimore
1988	M.A., Universität Bielefeld
1993	Promotion im Fach Neuere Geschichte an der Universität Bielefeld
1999	Habilitation im Fach Neuere Geschichte an der Universität Bielefeld
2001 – 2005	Lehrstuhl für Neuere Geschichte, International University Bremen (IUB)
seit 1. Juli 2005	Lehrstuhl für Neuere Geschichte/Zeitgeschichte an der FU Berlin

Prof. Dr. Michael Stürmer

1938	geboren in Kassel
	Studium der Geschichte, der Philosophie und Sprachen an der London School of Economics, an der FU Berlin und an der Universität Marburg
1965	Promotion zum Dr. phil. in Politischer Wissenschaft an der Universität Marburg
1966 – 1970	Wissenschaftlicher Assistent an der Wirtschaftshochschule in Mannheim
1971	Habilitation an der TU Darmstadt
1973 – 2003	Lehrstuhl für Mittlere und Neuere Geschichte an der Universität Erlangen-Nürnberg
	Diverse Gastprofessuren u. a. in Harvard, an der Sorbonne, in Princeton, in Toronto und in Bologna
1988 – 1998	Direktor der Stiftung „Wissenschaft und Politik“ in Ebenhausen bei München
seit 1998	Chefkorrespondent der Tageszeitung DIE WELT und der WELT AM SONNTAG

Prof. Dr. Wolfgang Wiegard

1946	geboren in Berlin
1966	Abitur in Schwetzingen
1967-1972	Studium der Volkswirtschaftslehre an der Universität Heidelberg
1977	Promotion zum Dr. rer. pol. an der Universität Heidelberg
1981	Habilitation im Fach Volkswirtschaft an der Universität Heidelberg
1985 – 1994	Lehrstuhl für Volkswirtschaftslehre, insbesondere Finanzwissenschaften an der Universität Regensburg
seit 1990	Mitglied des Wissenschaftlichen Beirats beim Bundesministerium der Finanzen
1994 – 1999	Lehrstuhl für Volkswirtschaftslehre, insbesondere Finanzwissenschaften an der Universität Tübingen
seit 1999	Lehrstuhl für Volkswirtschaftslehre an der Universität Regensburg
seit März 2001	Mitglied des Sachverständigenrates zur Begutachtung der gesamtwirtschaftlichen Entwicklung
März 2002 – Februar 2005	Vorsitzender des Sachverständigenrates zur Begutachtung der gesamtwirtschaftlichen Entwicklung

TEILNEHMER

ACHENBACH, Gerd B.	Dr., Akademie Philosophische Praxis und Wirtschaft (APPW), Bergisch Gladbach
ADOMEIT, Klaus	Professor Dr., Fachbereich Rechtswissenschaften, Freie Universität Berlin
ANDRÉ, Doris	Dr., Mitglied des Vorstandes der Walter-Raymond-Stiftung, Berlin, ehem. Vorstandsmitglied British American Tobacco, Hamburg
BADURA, Peter	Professor Dr., Lehrstuhl für öffentliches Recht, Rechts- und Staatsphilosophie, Juristische Fakultät, Universität München
BAIER, Horst	Professor Dr., em. Ordinarius der Soziologie, Universität Konstanz
BENRATH, Gerd	Hauptgeschäftsführer, Arbeitgeberverband des privaten Bankgewerbes, Berlin
BERG, Gunnar	Professor Dr., Vizepräsident Deutscher Hochschulverband, Fachbereich Physik, Universität Halle
BERTHOLD, Norbert	Professor Dr., Lehrstuhl für Volkswirtschaftslehre, insb. Wirtschaftsordnung und Sozialpolitik, Universität Würzburg
BUCHNER, Herbert	Professor Dr., Juristische Fakultät, Universität Augsburg

BÜRKLIN, Wilhelm	Professor Dr., Mitglied der Geschäftsführung, Bundesverband Deutscher Banken, Berlin
CAPRANO, Karl-Hans	Technoform Caprano + Brunnhofer GmbH & Co. KG, Kassel
CLEVER, Peter	Mitglied der Hauptgeschäftsführung der Bundesvereinigung der Deutschen Arbeitgeberverbände, Berlin
DEILMANN, Jürgen	Dr., Ehrenmitglied im Präsidium der Bundesvereinigung der Deutschen Arbeitgeberverbände, Geschäftsführer der Deilmann Montan GmbH, Bad Bentheim
DOLLFUS, Andreas	Vereinigung für freies Unternehmertum, Zürich
FELDENKIRCHEN, Wilfried	Professor Dr., wissenschaftlicher Leiter der SiemensForen, Siemens AG, München
FELL, Charlotte	Ehrenmitglied des Verbandes deutscher Unternehmerinnen, Geschäftsführerin, K. Fell Graphischer Betrieb, Gräfelfing
FETSCH, Cornelius-Georg	Ehrenvorsitzender, Bund Katholischer Unternehmer, Düsseldorf
FIETZ, Martina	Redaktion CICERO, Berlin
FILLIBECK, Rolf	Professor Dr., Leiter des Instituts für Baubetrieb und Bauproduktion, Technische Universität Kaiserslautern

FOERSTE, Ulrich	Professor Dr., Juristische Fakultät, Universität Osnabrück
FRANZ, Otmar	Dr., Vorstandsvorsitzender RKW – Rationalisierungs- und Innovationszentrum der Deutschen Wirtschaft e.V., Mülheim an der Ruhr
FRIAUF, Karl-Heinrich	Professor Dr., Bergisch Gladbach
FRIEDRICH, Hans-Peter	Dr., MdB
FUKUDA-KUMAGAI, Naoko	Journalistin
GEPPERT, Dominik	Dr., Deutsches Historisches Institut London
GERKEN, Lüder	Dr. habil., Vorsitzender des Vorstands der Stiftung für Ordnungspolitik, Freiburg
GÖHNER, Reinhard	Dr., Mitglied des Präsidiums und Hauptgeschäftsführer der Bundesvereinigung der Deutschen Arbeitgeberverbände, Berlin
GUNKEL, Alexander	Mitglied der Hauptgeschäftsführung der Bundesvereinigung der Deutschen Arbeitgeberverbände, Berlin
HABISCH, André	Professor Dr., Lehrstuhl für christliche Sozialethik und Gesellschaftspolitik, Katholische Universität Eichstätt-Ingolstadt
HARBRECHT, Wolfgang	Professor Dr., Lehrstuhl für Volkswirtschaftslehre, Universität Erlangen-Nürnberg

HASSEL, Anke	Professor Dr., Lehrstuhl für Soziologie, International University Bremen
HEINZE, Wolfgang	Mitglied des Präsidiums der Bundesvereinigung der Deutschen Arbeitgeberverbände, Generalmanager Southwall Europe GmbH
HEMEL, Ulrich	Professor Dr. Dr., Vorsitzender der Geschäftsleitung der Süddekor-Dakor-Gruppe, Laichingen
HENNECKE, Hans Jörg	PD Dr. habil., Institut für Politik- und Verwaltungswissenschaften, Universität Rostock
HEYDEBRECK, Tessen von	Dr., Vizepräsident der Bundesvereinigung der Deutschen Arbeitgeberverbände, Vorstandsmitglied Deutsche Bank AG
HEYDT, Peter von der	Mitglied des Aufsichtsrates Delbrück & Co. Privatbankiers, Köln
HIMMELREICH, Fritz-Heinz	Dr., Mitglied des Präsidiums der Bundesvereinigung der Deutschen Arbeitgeberverbände, Berlin
HIMSTEDT, Günter	Vorsitzender des Vorstandes, Protektor Lebensversicherungs AG, Mannheim
HOHENTHAL, Carl Graf von	Dr., Chefredaktion der Tageszeitung DIE WELT, Berlin
HROMADKA, Wolfgang	Professor Dr. Dr. h.c., Juristische Fakultät, Universität Passau
HUBER, Peter Michael	Professor Dr., Lehrstuhl für öffentliches Recht, Rechts- und Staatsphilosophie, Universität München

JANES, Jack	Dr., American Institute for Contemporary German Studies, Washington
JOHN von FREYEND, Eckart	Dr., Sprecher des Vorstandes der Walter-Raymond-Stiftung und Mitglied des Präsidiums der Bundesvereinigung der Deutschen Arbeitgeberverbände, Vorstandsvorsitzender der IVG Immobilien AG, Bonn
KARASU, Ibrahim	Dr., Geschäftsführer Bundesverband deutscher Banken, Berlin
KNAUTHE, Karlheinz	Dr., Rechtsanwälte Knauthe & Eggers, Berlin
KOCH, Alexander	Dr., Aufsichtsratvorsitzender, Young Economy Partners, Berlin
KOCH, Walter	Dr., Vizepräsident der Bundesvereinigung der Deutschen Arbeitgeberverbände, Berlin, Gesellschafter Dillinger Fabrik gelochter Bleche GmbH
KOEHLER, Dietrich	Dr., ehem. Vorstandsmitglied Hüls AG, Rosenheim
KONRAD, Kai A.	Professor Dr., Wissenschaftszentrum Berlin für Sozialforschung gGmbH, Berlin
KORSMEIER, Thies J.	Industrieberater, Hamburg
KRUBASIK, Edward	Professor Dr., Mitglied des Zentralvorstandes, Siemens AG, München
KRÜGER, Arno	vorm. Geschäftsführer, Walter-Raymond-Stiftung, Bergisch Gladbach

KRUIP, Gerhard	Professor Dr., Direktor, Forschungsinstitut für Philosophie, Hannover
KÜBLER, Friedrich	Professor Dr., Clifford Chance Pünder, Frankfurt am Main
KUMAGAI, Toru	Mainichi Weekly Economist, München
KURZE, Thomas	Dr., VBV Vermögensverwaltung GmbH, Berlin
LANTERMANN, Manfred	Mitglied des Präsidiums der Bundesvereinigung der Deutschen Arbeitgeberverbände, Geschäftsführender Gesellschafter Schertler Verpackungen GmbH
LA ROCHE, Emanuel	Dr., Tages-Anzeiger, Zürich
LASSAHN, Rudolf	Professor Dr., Institut für Erziehungswissenschaft, Universität Bonn
LEZIUS, Michael	Arbeitsgemeinschaft Partnerschaft in der Wirtschaft e.V., Kassel
LÖFFELHOLZ, Thomas	Dr., Journalist, Berlin
MANGOLDT, Hans von	Professor Dr. Dr. h.c., Juristische Fakultät, Universität Tübingen
MARTIN, Werner	Dr., Rechtsanwalt, Berlin
MICHELBACH, Hans Georg	MdB, Mitglied des Präsidiums der Bundesvereinigung der Deutschen Arbeitgeberverbände, Persönlich haftender Gesellschafter Michelbach KG, Coburg

MURMANN, Rolf	Dr., Vorsitzender des Beirates der Zöllner GmbH, Kiel
NEHRING-KLEEDEHN, Bärbel	Ministerin a.D., Nehring Consulting, Berlin
NEHRING, Sighart	Dr., Ministerialdirektor a.D., Leiter Allianz Group Repräsentanz, Berlin
NOLTE, Paul	Professor Dr., Lehrstuhl für Neuere Geschichte/Zeitgeschichte, FU Berlin
OCKENFELS, Wolfgang	Professor Dr. Dr., Theologische Fakultät, Universität Trier
PETERSEN, Thomas	Dr., Dossenheim
PICKER, Eduard	Professor Dr., Juristische Fakultät, Universität Tübingen
PIEPER, Hubertus W.	Member of the Executive Board, Winterthur International, Dormagen-Straberg
REICHEL, Richard	Dr., Volkswirtschaftliches Institut, Universität Erlangen-Nürnberg
REINSCHKE, Kurt	Professor Dr.-Ing. Dr. rer. nat., Fakultät Elektrotechnik und Informationstechnik, Institut für Regelungs- und Steuerungstheorie, Technische Universität Dresden
RIEBLE, Volker	Professor Dr., Direktor des ZAAR, Lehrstuhl für Arbeitsrecht und Bürgerliches Recht, Universität München

RIEBSCHLÄGER, Klaus	Dr., Senator a.D., RSG Rechtsanwälte, Berlin
ROBL, Karl	Professor Dr., Hauptgeschäftsführer des Zentralverbandes des Deutschen Baugewerbes, Berlin
RÜTHERS, Bernd	Professor Dr. Dres. h.c., Bottighofen
SÄMANN, Karl-Heinz	Dr.-Ing., Leiter Management Consulting Personnel, Siemens AG, Erlangen
SCHARF, Gerhard	Dr., Oberstudiendirektor, Lüneburg
SCHMÄHL, Winfried	Professor Dr., Zentrum für Sozialpolitik, Universität Bremen
SCHOSER, Franz	Dr., Vorstandsvorsitzender des Instituts für Sozial- und Wirtschaftspolitische Ausbildung e.V. (ISWA), Berlin
SCHULZ, Günther	Professor Dr., Direktor der Abteilung Verfassungs-, Sozial- und Wirtschaftsgeschichte, Historisches Seminar, Universität Bonn
SCHUSTER, Peter	Dr., Schlegel und Partner GmbH, Weinheim
SCHÜTZE, Richard	Ipse Communication GmbH, Berlin
SEIDEL, Regina	Präsidentin, Verband Deutscher Unternehmerinnen, Berlin

SODAN, Helge	Professor Dr., Präsident des Verfassungsgerichtshofes des Landes Berlin, Lehrstuhl für Staats- und Verwaltungsrecht, Freie Universität Berlin, Juristische Fakultät, Lehrstuhl für öffentliches Recht
STARBATTY, Joachim	Professor Dr. Dr. h.c., Wirtschaftswissenschaftliche Fakultät, Abteilung Volkswirtschaftslehre, Eberhard-Karls-Universität, Tübingen
STECHOW, Friedrich-Leopold von	Professor Dr., Gesellschaft für Hauptstadt-Marketing mbh, Berlin
STERN, Klaus	Professor Dr. Dr. h.c., Direktor, Institut für Öffentliches Recht und Verwaltungslehre, Universität Köln
STREITHOFEN, Heinrich Basilius	Dr., Institut für Gesellschaftswissenschaften Walberberg e.V., Bonn
STÜRMER, Michael	Professor Dr., Chefkorrespondent der Tageszeitung DIE WELT, Berlin
TETTINGER, Peter J.	Professor Dr., Direktor des Instituts für öffentliches Recht und Verwaltungslehre, Universität Köln
TROTT zu SOLZ, Levin von	Dr., Leiter Grundsatzreferat, Bundespräsidialamt, Berlin
VEEN, Hans-Joachim	Professor Dr., Vorstandsvorsitzender Stiftung Ettersberg, Weimar
VÖLZ, Hans-Jürgen	Dr., Bundesvereinigung der Deutschen Arbeitgeberverbände, Berlin

WICHMANN, Ralph	Dr., IVG Immobilien AG, Bonn
WIEGARD, Wolfgang	Professor Dr., Institut für Volkswirtschaftslehre einschließlich Ökonometrie, Universität Regensburg
WOLLERT, Artur	Professor Dr., Gemeinnützige Hertie-Stiftung, Frankfurt am Main
WOLTERSDORF, Klaus	Fachleiter Studienseminar Köln II
WROBLEWSKI, Eva	MOTIVA(C)TION, Coaching und Personaltraining, Hamburg
WUST, Harald	General a.D., Rheinbach-Todenfeld
ZIELKE, Wolfgang	Professor, Mitglied des Vorstandes der KPMG, Berlin

WALTER-RAYMOND-STIFTUNG

WEITERSHAUSEN, Ottheinrich Frhr. von	Geschäftsführer, Walter-Raymond-Stiftung der BDA, Abteilung Volkswirtschaft, Finanzen, Steuern, Bundesvereinigung der Deutschen Arbeitgeberverbände, Berlin
SCHULTE-ALTEDORNEBURG, Jörg	Dr., Walter-Raymond-Stiftung der BDA, Berlin
WUNDERLICH, Jutta	Walter-Raymond-Stiftung der BDA, Berlin

VERÖFFENTLICHUNGEN DER WALTER-RAYMOND-STIFTUNG

Tagungsbände:

Band 1: „ Eigentum und Eigentümer in unserer Gesellschaftsordnung“, 1960, 239 Seiten, mit Beiträgen von GUSTAV GUNDLACH SJ, JOSEF HÖFFNER, OSWALD VON NELL-BREUNING SJ, HERMANN JOSEF WALLRAFF SJ, KLAUS VON BISMARCK, WALTER KÜNNETH, ERNST STEINBACH, HEINZ-DIETRICH WENDLAND, ARNOLD GEHLEN, WILLI GEIGER, GÜNTHER SCHMÖLDERS, CLEMENS AUGUST ANDREAE

Band 2: „Der Mensch im Betrieb, Freiheit und Persönlichkeit – Möglichkeiten und Grenzen I“, 1962, 181 Seiten, mit Beiträgen von EUGEN GERSTENMAIER, FRANZ HENGSBACH, THEODOR LITT, K. C. TRALHEIM, ARNOLD GEHLEN, OTTO ESSER, ADOLF SCHWARZ-LOSE, PASCUAL JORDAN

Band 3: „Der Mensch im Betrieb, Freiheit und Persönlichkeit – Möglichkeiten und Grenzen II“, 1962, 351 Seiten, mit Beiträgen von LUDWIG VAUBEL, RALF DAHRENDORF, HANS PAUL BAHRDT, HUGO MÖLLER, KARL VALENTIN MÜLLER, ARNOLD GEHLEN, WILHELM HERSCHEL, BERNHARD HERWIG, DIETRICH VON OPPEN.

Band 4: „Die unternehmerische Verantwortung in unserer Gesellschaftsordnung – Tatbestand und Forderung“, 1964, 344 Seiten, mit Beiträgen von HANS FREYER, ALWIN MÜNCH-MEYER, ARNOLD GEHLEN, ERIC VOEGELIN, LUDWIG VON FRIEDEBURG, GERHARD LEIBHOLZ, OTTO A. FRIEDRICH, GUSTAV GUNDLACH SJ, WALTER BAUER, RUDOLF WILHELM EVERSMANN, GERHARD ERDMANN, DIETER SCHÄFER, PAUL MERTENS, GÜNTER SCHMÖLDERS

Band 5: „Wirtschaft und Schule, Erfahrungen – Grundsätze – Empfehlungen“,
1965, 352 Seiten,
mit Beiträgen von HELLMUT BECKER, CARL-HEINZ EVERS, ein Lehrer aus der SBZ, FRITZ ARLT, HARTMUT VOGT, HUGO MÖLLER, KARL STIEGER, HANS BOHNENKAMP

Band 6: „Aufgaben und Stellung der Arbeitgeber- und Arbeitnehmer-Organisationen in der Bundesrepublik Deutschland“,
1966, 204 Seiten;
mit Beiträgen von SIEGFRIED BALKE, FRANZ DEUS, JOSEF HERMANN DUFHUES, GERHARD ERDMANN, FRITZ ERLER, HEINZ STARKE, WERNER WEBER

Band 7: „Mitarbeiten – Mitverantworten – Mitbestimmen“,
1966, 294 Seiten,
mit Beiträgen von ERNST-GERHARD ERDMANN, HANS RAUPACH, GERHARD ZEITEL, HANS L. MERKLE, EMIL KÜNG, WOLFGANG EICHLER

Band 8: „Leistungsbereitschaft – Soziale Sicherheit – Politische Verantwortung“,
1967, 256 Seiten,
mit Beiträgen von HANS THOMAE, HANS ACHINGER, GERHARD TRAUTH, ROMAN SCHNUR, ARNOLD GEHLEN

Band 9: „Wirtschaft und Höhere Schule“,
1968, 338 Seiten,
mit Beiträgen von HANS BOCKELMANN, FRITZ EDELMANN, GERHARD TRAUTH, KURT SICH, ROLF RODENSTOCK, HANS SCHEUERL, WILHELM HAHN, GÜNTHER KLEMM, KARL-HEINZ GAASCH, FRANZ EBNER, HANS-HERMANN GROOTHOFF

Band 10: „Unternehmer und Bildung" – Festschrift zum 60. Geburtstag von LUDWIG VAUBEL
1968, 152 Seiten,
mit Beiträgen von SIEGFRIED BALKE, HANS-HERMANN GROOTHOFF, ARNOLD GEHLEN, GÜNTER SCHMÖLDERS, RUDOLF WILHELM EVERSMANN, ROLF RODENSTOCK, GUSTAV STEIN, PETER K. TEMMING, WOLFGANG EICHLER, SIEGFRIED FASSBENDER, HANS HELLWIG, HERMANN FRANKE, FRITZ ARET

Band 11: „Führung in einer freiheitlichen Gesellschaft",
1969, 272 Seiten,
mit Beiträgen von WERNER ERNST, LUDWIG BÖLKOW, HANNS MARTIN SCHLEYER, HERBERT WEHNER, WERNER WEBER

Band 12: „Eigentum – Wirtschaft – Fortschritt: Zur Ordnungsfunktion des privaten Produktiveigentums",
1970, 356 Seiten,
mit Beiträgen von WOLFGANG FÖRSTER, GISELHER WIRSING, ERICH STREISSLER, THEODOR MULDER SJ, F. WILHELM CHRISTIAN, WOLFGANG HERION, HEINZ MARKMANN, THEODOR ESCHENBURG

Band 13: „Phänomen Sozialkritik – Objekt Wirtschaft" XIII. Gespräch zwischen Wirtschaft und Wissenschaft,
1971, 106 Seiten,
mit Beiträgen von OTTO A. FRIEDRICH, HEINZ-DIETRICH ORTLIEB, HANS-JOACHIM SCHOEPS, GOTTFRIED BOMBACH, HORST RUPRECHT, GER-HARD STOLTENBERG, OTTO B. ROEGELE, JOHANNES HIRSCHMANN SJ, RUDOLF WILHEM EVERSMANN

Band 14: „Wirtschaft und öffentliche Meinung",
1972, 308 Seiten,
mit Beiträgen von WOLFGANG R. LANGENBUCHER, ARNOLD GEHLEN, JOACHIM H. KNOLL, ERWIN K. SCHEUCH, ELISABETH NOELLE-NEUMANN, ERNST TOPITSCH, RUDOLF WILHELM EVERSMANN

Band 15: „Orientierungen heute – Verbindlichkeiten in Staat, Gesellschaft, Wirtschaft“, 1973, 280 Seiten,
mit Beiträgen von HERBERT KREMP, GERHARD SZCZESNY, ROMAN SCHNUR, HANS DIETRICH GENSCHER, JOHANN PHILIPP FREIHERR VON BETHMANN, DIETER SCHÄFER

Band 16: „Leistung und Wettbewerb – Herausforderungen und Folgerungen“,
1974, 340 Seiten,
mit Beiträgen von HEINZ-DIETRICH ORTLIEB, WOLFGANG FÖRSTER, JOHANN HEINRICH VON BRUNN, HANS GÜNTHER ZEMPELIN, HERMANN JOSEF WALLRAFF SJ, PHILIPP HERDER-DORNEICH, FRITZ ARLT

Band 17: „Solidarität und Leistung“,
1978, 236 Seiten,
mit Beiträgen von HERMANN LÜBBE, ARTHUR F. UTZ, PETER VON OERTZEN, RICHARD VON WEIZSÄCKER

Band 18: „Bildung und Beruf“,
1979, 282 Seiten,
mit Beiträgen von WALTER BRAUN, PETER GLOTZ, ERWIN K. SCHEUCH, DIETER SPETHMANN, HANS-HERMANN GROOTHOFF

Band 19: „Arbeit – Existenzsicherung und Lebenswert“
1981, 295 Seiten,
mit Beiträgen von HERMANN LÜBBE, CARI. AMERY, WILHELM HENNIS, HANS-HEINRICH HATLAPA, FRIEDRICH H. TENBRUCK

Band 20: „Elite – Zukunftsorientierung in der Demokratie“,
1982, 300 Seiten,
mit Beiträgen von WALTER RÜEGG, ERICH E. GEISSLER, ANKE FUCHS, RUDOLF SCHLENKER, MICHAEL ZÖLLER

Band 21: „Pluralismus – Legitimationsprobleme im Interessenwandel“,
1982, 300 Seiten,
mit Beiträgen von ERNST TOPITSCH, KLAUS MURMANN, LUDOLF HERMANN, HANS-JOCHEN VOGEL, GERHARD DEIMLING

Band 22: „Sozialstaat – Die Krise seiner Ethik“,
1983, 317 Seiten,
mit Beiträgen von TYLL NECKER, CHRISTIAN STARCK, MARTIN HONECKER, HERMANN JOSEF WALLRAFF SJ, BERND GUGGENBERGER, PETER BADURA

Band 23: „Arbeitsgesellschaft – Wandel ihrer Strukturen“
1984, 276 Seiten,
mit Beiträgen von ODO MARQUARD, KLAUS LUFT, HERBERT GIERSCH, CLAUS OFFE, FRITZ-HEINZ HIMMELREICH

Band 24: „Die Zukunft der Sozialen Partnerschaft“,
1986, 270 Seiten,
mit Beiträgen von BURGHARD FREUDENFELD, BRUNO S. FREY, BERND RÜTHERS, ERNST BREIT, OTTO ESSER, JOSEF ISENSEE

Band 25: „Familie und Arbeitswelt“,
1986, 338 Seiten,
mit Beiträgen von MAX WINGEN, FRIEDRICH FÜRSTENBERG, GERTRUD HÖHLER, HEINZ LAMPERT, EDMUND STOIBER, KLAUS MURMANN

Band 26: „Das Recht in einer freiheitlichen Industriegesellschaft“,
1988, 228 Seiten,
mit Beiträgen von HANS GÜNTHER ZEMPELIN, ROMAN HERZOG, JOSEPH H. KAISER, PETER BADURA, KARL-ERNST SCHENK, KARL-HEINRICH FRIAUF

Band 27: „Die Zukunft gestalten – Möglichkeiten und Grenzen realpolitischen Handelns“,
1988, 266 Seiten,
mit Beiträgen von HANS GÜNTHER ZEMPELIN, HASSO HOFMANN, ERHARD EPPLER, HANS KARL SCHNEIDER, HELMUT SIHLER, GERHARD FELS

Band 28: „Arbeitszeit und Arbeitszeitflexibilisierung als Faktor internationaler Konkurrenzfähigkeit – Ein Beitrag zur Standortdiskussion“,
1989, 112 Seiten,
mit Beiträgen von HANS GÜNTHER ZEMPELIN, MANFRED LENNINGS, JOHAN CORNELIUS BLANKERT, HELMUT RAUH, AKE THOMASSON, PETER HASLER, TOSHIO A. SUZUKI, GERHARD FELS

Band 29: „Die modernen Medien und die Zukunft der Gesellschaft“,
1990, 320 Seiten,
mit Beiträgen von HANS GÜNTHER ZEMPELIN, RUDOLF WILDENMANN, FRIEDRICH TENBRUCK, DANIEL GOEUDEVERT, DIETER WEIRICH, DIETER STOLTE, WERNER E. KLATTEN, GOTTFRIED MAHRENHOLZ

Band 30: „Die soziale Ordnung des Europäischen Binnenmarktes – Einheit oder Vielfalt?“,
1991, 311 Seiten,
mit Beiträgen von HANS GÜNTHER ZEMPELIN, ERNEST ZAHN, CARL OTTO LENZ, THOMAS HERTZ, HANS UNTERSEH, ERNST-GERHARD ERDMANN, GERD MUHR, LUTZ G. STAVENHAGEN

Band 31: „Staat und Gesellschaft nach dem Scheitern des sozialistischen Experiments“, 1991, 318 Seiten,
mit Beiträgen von HANS GÜNTHER ZEMPELIN, KARL DIETRICH BRACHER, THOMAS MEYER, KLAUS LECIEJEWSKI, KARL LEHMANN, FRANK SCHIRRMACHER, KARL KAISER

Band 32: „Grundlagen der freiheitlichen Ordnung",
1992, 314 Seiten,
mit Beiträgen von HANS GÜNTHER ZEMPELIN, KLAUS STERN, MICHAEL ZÖLLER, HERMANN CHRISTIAN ALBECK, FRITZ-HEINZ HIMMELREICH, RICHARD SCHRÖDER, SIR CHRISTOPHER MALLABY

Band 33: „Führung im demokratischen Staat und in der pluralistischen Gesellschaft", 1993, 222 Seiten,
mit Beiträgen von HANS GÜNTHER ZEMPELIN, LOTHAR GALL, HELMUT SCHMIDT, EBERHARD VON KOERBER, EDUARD GAUGLER, DAVID J. HERMAN, MANFRED KANTHER

Band 34: „Jugend im vereinten Deutschland",
1994, 268 Seiten,
mit Beiträgen von HANS GÜNTHER ZEMPELIN, ELISABETH NOELLE-NEUMANN, ULRICH SCHACHT, ARTUR WOLLERT, ANGELA MERKEL, ERICH E. GEISSLER, KONRAD ADAM, HORST SCARBATH, FRISO WIELENGA

Band 35: „Sozialstaat – Idee und Entwicklung, Reformzwänge und Reformziele",
1995, 316 Seiten,
mit Beiträgen von HANS GÜNTER HOCKERTS, KARL-HEINRICH FRIAUF, ANDRE LEYSEN, ERWIN HUBER, HANS J. BARTH, JOACHIM BECKER, WOLFGANG KERSTING

(alle vergriffen)

Band 36: „Sechs Jahre danach – Eine Standortbestimmung Deutschlands in Europa und in der Welt"
1996, 256 Seiten,
mit Beiträgen von HANSRUDOLF KAMER, KLAUS KEITEL, HEINRICH HORNEF, MARTIN BANGEMANN, OTMAR ISSING, JANUSZ REITER

Band 37: „Tarifautonomie – Informationsgesellschaft – globale Wirtschaft – neue Fragen und Herausforderungen"
1997, 312 Seiten,
mit Beiträgen von KARL OTTO HONDRICH, TYLL NECKER, EDUARD PICKER, ULRICH VAN SUNTUM, DIETER HUNDT, URSULA ENGELEN-KEFER, LUDWIG GEORG BRAUN

Band 38: „Eigentum und Eigentümer im Zeitalter globaler Märkte und Finanzströme"
1998, 248 Seiten,
mit Beiträgen von PETER BADURA, RENATE KÖCHER, MANFRED GENTZ, ARNOLD VAATZ, RONALDO SCHMITZ, HANS SCHREIBER, FRIEDRICH KÜBLER

Band 39: „Politik und Wirtschaft im Zeichen der Globalisierung"
1999, 292 Seiten,
mit Beiträgen von KONRAD ADAM, C. CHRISTIAN VON WEIZSÄCKER, RICHARD MÖNCH, HANS VON MANGOLDT, BERTHOLD LEIBINGER, HEINER FLASSBECK, MANFRED J. M. NEUMANN, WERNER HOYER

Band 40: „Der überalterte Sozialstaat – Besitzstandswahrung oder Aufbruch?"
2000, 184 Seiten,
mit Beiträgen von DIETER HUNDT, BERND RAFFELHÜSCHEN, PETER GLOTZ, STEPHAN REIMERS, BERNHARD KEMPEN

Band 41: „Die Osterweiterung der EU und ihre Folgen für Deutschland"
2001, 240 Seiten,
mit Beiträgen von HANS-GERT PÖTTERING, NORBERT WIECZOREK, MICHAEL GAHLER, JUERGEN B. DONGES, KLAUS F. ZIMMERMANN, HELGE SODAN, ANDREAS SCHLEEF

Band 42: „Privatvermögen, Gesellschaft und Corporate Governance – neue Perspektiven für die Vermögensbildung"
2002, 279 Seiten,
mit Beiträgen von WEYMA LÜBBE, MICHAEL ZÖLLER, KURT F. VIERMETZ, BERT RÜRUP, GERHARD FELS, FRIEDRICH MERZ, HANS SCHREIBER

Band 43: „Wettbewerb in Europa"
2003, 254 Seiten,
mit Beiträgen von EMANUEL LA ROCHE, KLAUS SCHARIOTH, WERNER WEIDENFELD, WIM KÖSTERS, KLAUS LANDFRIED UND NORBERT BENSEL

Band 44: „Demographie und gesellschaftlicher Wandel"
2004, 184 Seiten,
mit Beiträgen von HEINZ BUDE, DIETER HEUSKEL, PAUL KIRCHHOF, HEINZ KLINKHAMMER, CLAUS LEGGEWIE, WOLFGANG SCHÄUBLE, RENATE SCHMIDT

Soweit nicht vergriffen, können zu Unterrichtszwecken Klassensätze von den Veröffentlichungen der Stiftung durch die zuständigen Fachlehrer an weiterführenden Schulen bei der Geschäftsführung angefordert werden.

Kleine Reihe:

Bisher erschienene Titel:

Heft 1: OTTO B. ROEGELE
Zur inneren Lage der Bundesrepublik

Heft 2: OTTO A. FRIEDRICH
Für das deutsche Modell
Vernunft und Solidität fortschrittlicher Politik

Heft 3: THEODOR SCHIEDER
Ohne Geschichte sein?
Geschichtsinteresse, Geschichtsbewußtsein heute

Heft 4: HEINZ-DIETRICH ORTLIEB
Führungslos in die Playboy-Gesellschaft

Heft 5: MICHAEL ZÖLLER
Die Utopie der neuen Intelligenz

Heft 6: HANS GÜNTHER ZEMPELIN
Leistung im Betrieb
Aus der Sicht betrieblicher Führungspraxis

Heft 7: WOLFGANG FÖRSTER
Sozialistische Wirklichkeit:
Wettbewerb und Leistung

Heft 8: OTTO B. ROEGELE
Diese oder eine andere Republik?

Heft 9: WERNER WEBER
Ist Verlaß auf unser Grundgesetz?

Heft 10: RAINER KOEHNE
Unternehmertum im Wandel

Heft 11: HERMANN JOSEF WALLRAFF SJ
Katholische Soziallehre – Leitideen der Entwicklung?

Heft 12: BERNHARD GAHLEN/GERHARD FELS
Wohlstand und Stabilität bei begrenztem Wachstum (I)

Heft 13: HERBERT EHRENBERG/HANS TIETMEYER
Wohlstand und Stabilität bei begrenztem Wachstum (II)

Heft 14: HANS MAIER
Die Zukunft unserer Bildung

Heft 15: PHILIPP HERDER-DORNEICH
Strukturwandel und soziale Ordnungspolitik

Heft 16: BRUNO MOLITOR
Krise der Marktwirtschaft?

Heft 17: KLAUS MURMANN
Solidarität und Leistung

Heft 18: BURKHARD WELLMANN/
OTTHEINRICH VON WEITERSHAUSEN
Ideologie und Bildungspolitik

Heft 19: HANS DICHGANS
Bildung und Selektion

Heft 20: o.Verf.
Arbeit
Existenzsicherung und Lebenswert – Materialien

Heft 21: WERNER KNOPP
Preußen
Versunkener Staat – lebendiges Erbe

Heft 22: BRUNO MOLITOR
Die Moral der Wirtschaftsordnung

Heft 23: HERBERT SCHNEIDER
Solidarische Gesellschaft als Zukunft

Heft 24: JOSEF HITPASS
Deutschlands Bildungswesen
Die Folgen der Reform

Heft 25: HERMANN LÜBBE/WILHELM HENNIS
Rationalismus und Erfahrungsverlust in der Arbeitswelt

Heft 26: BRUNO MOLITOR
Staatsversagen

Heft 27: BURKHARD WELLMANN
Arbeit – Existenzsicherung und Lebenswert

Heft 28: MICHAEL ZÖLLER
Welfare – Das amerikanische Wohlfahrtssystem

Heft 29: ROLF F. PAULS
Die atlantische Allianz

Heft 30: BRUNO MOLITOR
Wohlfahrtsstaat – Die realisierte Utopie

Heft 31: ERNST TOPITSCH/HANS-JOCHEN VOGEL
Pluralismus und Toleranz
Alternative Ideen von Gesellschaft

Heft 32: ARMIN HEGELHEIMER
Bildung und Beruf
Perspektiven für die Zukunft

Heft 33: ERICH E. GEISSLER/WALTER RÜEGG
Erziehung zu neuen Tugenden?
Eliten in der Demokratie

Heft 34: BRUNO MOLITOR
Umgang mit der totalitären Macht

Heft 35: HERBERT GIERSCH/KLAUS LUFT
Perspektiven unserer Wirtschaft
Neue Schlüsselindustrien und Märkt

Heft 36: MICHAEL ZÖLLER
Massengesellschaft und Massenkommunikation am Beispiel Amerika

Heft 37: THEODOR BERCHEM
Elitebildung in der Massenuniversität –
Bilanz und Perspektiven der Hochschulreform

Heft 38: MARTIN HONECKER/HERMANN JOSEPH WALLRAFF
Sozialstaat in der Krise

Heft 39: EDUARD PICKER
Arbeitskampffreiheit und Kampffreiheitsgrenzen

Heft 40: ARMIN HEGELHEIMER
Hochschulabsolventen – Herausforderung und Chance für Wirtschaft und Gesellschaft

Heft 41: HEINZ LAMPERT/MAX WINGEN
Familien und Familienpolitik – Bestandsaufnahme und Perspektiven

Heft 42: MANFRED SOMMER
Lehramtsabsolventen in außerschulischen Tätigkeitsfeldern

Heft 43: PETER BADURA/JOSEPH H. KAISER
Parlamentarische Gesetzgebung und Geltungsanspruch des Rechts

Heft 44: EDUARD PICKER
Die Regelung der „Arbeits- und Wirtschaftsbedingungen" – Vertragsprinzip oder Kampfprinzip?

Heft 45: WOLFGANG WELSCH
Postmoderne – Pluralität als ethischer und politischer Wert

Heft 46: GERHARD DEIMLING
Erziehung und Recht

Heft 47: JÜRGEN ENGERT
Das Ende der Nachkriegszeit – Beobachtungen in beiden deutschen Gesellschaften

Heft 48: ERNST-GERHARD ERDMANN
Wirtschaftliche und soziale Perspektiven des Europäischen Binnenmarktes

Heft 49: KLAUS MURMANN
Reden zur deutschen Einheit

Heft 50: THOMAS PETERSEN
Volonté générale und Volonté particulière
Konsens, Konflikt und Kompromiß in der Demokratie

Heft 51: ARNO KRÜGER/ECKHARD METZE
Staat und Gesellschaft nach dem Scheitern des sozialistischen Experiments

Heft 52: MARTIN KRIELE
„Wahrheit" in Funk und Fernsehen

Heft 53: JOACHIM FEST
Nach den Utopien – Eine Betrachtung zur Zeit

Heft 54: HENNING OTTMANN
Gedanken zur geistigen Situation der Zeit
Die Verfassung des Bundesstaates Deutschland in Europa
Zwei Reden zur Reform des Grundgesetzes

Heft 55: PETER BADURA
Die Verfassung des Bundesstaates Deutschland in Europa
Zwei Reden zur Reform des Grundgesetzes

Heft 56: PHILIPP HERDER-DORNEICH
Soziale Marktwirtschaft als weltweites Modell
Versuch einer Neuformulierung

Heft 57: WOLFGANG JÄGER
Auf der Suche nach Orientierung – Politisches Denken im vereinten Deutschland

Heft 58: WOLFGANG KERSTING
Gerechtigkeit und Medizin

Heft 59: KEES VAN PARIDON
Wer andern eine Mauer baut
Wie die DDR-Wirtschaft sich selbst zugrunde richtete

(alle vergriffen)

Heft 60: RICHARD SCHRÖDER
Probleme der inneren Einheit Deutschlands

Heft 61: ARNO KRÜGER
Walter Raymond – Arbeitgeberpräsident der ersten Stunde

Heft 62: BERND RÜTHERS
Zeitgeist und Recht

Heft 73: WIM KÖSTERS/EMANUEL LA ROCHE
Systemwettbewerb

Heft 74: PAUL KIRCHHOF/RENATE SCHMIDT
Familienpolitik für eine lebendige Gesellschaft

Heft 75: KLAUS ADOMEIT
Mehr Beschäftigung durch Neues Arbeitsrecht

Soweit nicht vergriffen, können zu Unterrichtszwecken Klassensätze von den Veröffentlichungen der Stiftung durch die zuständigen Fachlehrer an weiterführenden Schulen bei der Geschäftsführung angefordert werden.

GREMIEN DER WALTER-RAYMOND-STIFTUNG

Vorstand

Sprecher:

Dr. rer. pol. Eckart **John von Freyend**
Vorstandsvorsitzender IVG Immobilien AG, Bonn

Mitglieder:

1. Dr. rer. pol. Doris **André**
   vorm. Vorstandsmitglied für Personal- und Sozialwesen
   der British-American Tobacco (Deutschland) GmbH, Hamburg

2. Dr. rer. pol. Dipl.-Kaufm. Otmar **Franz**
   Vorsitzender des Vorstands Rationalisierungs- und Innovations-
   zentrum der Deutschen Wirtschaft e.V., Mülheim/Ruhr

3. Dr. jur. Reinhard **Göhner**, MdB
   Hauptgeschäftsführer der Bundesvereinigung
   der Deutschen Arbeitgeberverbände, Berlin

4. Peter **von der Heydt**
   Mitglied des Aufsichtsrates Delbrück & Co. Privatbankiers, Köln

5. Dr. rer. pol. Fritz-Heinz **Himmelreich**
   vorm. Hauptgeschäftsführer der BDA

6. Justus **Mische**
   vorm. Vorstandsmitglied der Hoechst AG, Kelkheim

7. Dr. jur. Klaus **Murmann**
   Chairman Sauer Danfoss GmbH & Co., Neumünster
   Ehrenpräsident der Bundesvereinigung
   der Deutschen Arbeitgeberverbände, Berlin

8. Dr.-Ing. Karl-Heinz **Sämann**
   Leiter der Zentralstelle Management Consulting Personnel,
   Siemens AG, Erlangen

9. Hanns-Eberhard **Schleyer**
   Generalsekretär des Zentralverbands des Deutschen Handwerks ,
   Berlin

10. Prof. Dr. oec. publ. Artur **Wollert**
    Beruf und Familie gemeinnützige GmbH, Frankfurt/Main

Mitglieder des Wissenschaftlichen Beirats

1. Professor Dr. rer. pol. Gerhard **Arminger**, Wuppertal
2. Professor Dr. jur. Peter **Badura**, München
3. Professor Dr. rer. nat. habil. Dr.-Ing. Gunnar **Berg**, Halle/Saale
4. Professor Dr. rer. pol. Gerhard **Fels**, Köln
5. Cornelius G. **Fetsch**, Köln
6. Professor Dr. jur. Karl-Heinrich **Friauf**, Köln
7. Professor Dr. phil. habil. Dr. theol. hc. Hanna-Barbara **Gerl-Falkovitz**, Dresden
8. Professor Dr. theol. Dipl.-Vw. André **Habisch**, Eichstätt
9. Professor Dr. jur. Bernhard **Kempen**, Köln
10. RA Arno **Krüger**, Bergisch-Gladbach
11. Professor Dr. phil. Weyma **Lübbe**, Leipzig
12. Professor Dr. jur. Hans von **Mangoldt**, Tübingen
13. Dr. med. Christoph **Melchers**, Schallstadt
14. Dr. phil. Thomas **Petersen**, Heidelberg
15. Professor Dr. jur. Eduard **Picker**, Tübingen
16. Professor Dr. sc. pol. Bernd **Raffelhüschen**, Freiburg
17. Professor Dr. rer. nat. Kurt J. **Reinschke**, Dresden

Geschäftsführung der Walter-Raymond-Stiftung
BDA im Haus der Deutschen Wirtschaft
Breite Straße 29
10178 Berlin
Tel.: 0 30 / 20 33 - 19 53
Fax: 0 30 / 20 33 - 19 55
E-Mail: wrst.mail@bda-online.de
www.wrst.de

Kleine Reihe der Walter-Raymond-Stiftung

Heft 69
Die EU-Osterweiterung: Gesamtwirtschaftliche und unternehmerische Aspekte
von Jürgen B. Donges und Andreas Schleef
Redaktion: Faris Al-Mashat
Stand: 2001 / 76 Seiten / Paperback
ISBN-10: 3-9806456-4-9
ISBN-13: 978-3-9806456-4-5
€ 3,50 zzgl. Versandkosten

Heft 70
Die EU-Osterweiterung: Implikationen für Arbeitsmärkte und Sozialsysteme
von Klaus F. Zimmermann und Helge Sodan
Redaktion: Faris Al-Mashat
Stand: 2001 / 78 Seiten / Paperback
ISBN-10: 3-9806456-8-1
ISBN-13: 978-3-9806456-8-3
€ 3,50 zzgl. Versandkosten

Heft 71
Arbeit und Kapital
von Gerhard Fels und Friedrich Merz
Redaktion: Faris Al-Mashat
Stand: 2002 / 64 Seiten / Paperback
ISBN-10: 3-936074-16-X
ISBN-13: 978-3-936074-16-1
€ 3,50 zzgl. Versandkosten

Heft 72
Vermögensbildung und Altersvorsorge in Deutschland und den USA
von Bert Rürup und Kurt F. Viermetz
Redaktion: Faris Al-Mashat
Stand: 2002 / 58 Seiten / Paperback
ISBN-10: 3-936074-18-6
ISBN-13: 978-3-936074-18-5
€ 3,50 zzgl. Versandkosten

Heft 73
Systemwettbewerb
von Wim Kösters und Emanuel La Roche
Redaktion: Faris Al-Mashat
Stand: 2003 / 53 Seiten / Paperback
ISBN-10: 3-936074-33-X
ISBN-13: 978-3-936074-33-8
€ 3,50 zzgl. Versandkosten

Heft 74
Familienpolitik für eine lebendige Gesellschaft
von Paul Kirchhof und Renate Schmidt
Redaktion:
Dr. Jörg Schulte-Altedorneburg
Stand: 2004 / 37 Seiten / Paperback
ISBN-10: 3-936074-39-9
ISBN-13: 978-3-936074-39-0
€ 3,50 zzgl. Versandkosten

Heft 75
Mehr Beschäftigung durch Neues Arbeitsrecht
Von Klaus Adomeit
Redaktion:
Dr. Jörg Schulte-Altedorneburg
Stand: 2005 / 68 Seiten / Paperback
ISBN-10: 3-936074-40-2
ISBN-13: 978-3-936074-40-6
€ 3,50 zzgl. Versandkosten

Bestellen Sie bequem online unter: www.gda-online.de
oder per Fax 030 / 20 33 - 18 55